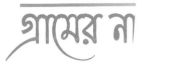

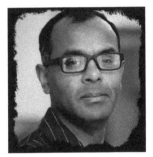

গ্রামের না

লেখক : রেজাউল বাহার

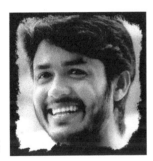

সম্পাদক : পিন্টু রঞ্জন অর্ক

Author: Rezaul Bahar
Editor: Pintu Ranjan Orko

ISBN: 978-1-0881-6685-7
First Edition
© 2022 Rezaul Bahar

www.TravelographPartsUnknown.com
1 Eagle Ridge Drive
Essex, CT 06426
USA

উৎসর্গ

বাবার মতো একজন মানুষ বলেছিলেন -
রেজাউল, তুমি লেখো ।
-চাচা, আমার লেখা ভালো হয় না ।
- তোমার লেখা ভালো না খারাপ সেটা তুমি কেন বিবেচনা করবা,
সেটা বিবেচনা করব আমরা।

শ্রদ্ধেয় প্রফেসর মোঃ নুরুল ইসলাম

- চাচা, আমি লিখলাম ।

গ্রামের নাম লোন্দা
বইটা কোনো সাহিত্যচর্চা নয়।
এখানে গল্পের কোনো শুরু বা শেষ নেই। যা কিছু আছে, হয়তো অনুভূতি।
অনুভূতি অনুভবের, প্রকাশের নয়।
প্রকাশের সামর্থ্য আমাদের দেওয়া হয়নি।
লেখার কোথাও ভেজা চোখ, মুছে আবার লিখতে বসা;
আমার আনন্দ এটুকুই।
সফলতার কোনো মাপকাঠি নেই।
একেকজন মানুষ সফলতাকে একেকভাবে দেখে।
আমার কাছে সফলতার মাপকাঠি দুটি—

এক. জীবনে যতটুকু আছে তা নিয়ে কতটা পথ তুমি পাড়ি দিয়েছ।
দুই. বেঁচে থাকায় কতটা সুখী তুমি।

আমার বাবা আমার দেখা পৃথিবীর সফলতম মানব

জীবন রহস্যময়। রহস্য নিয়েই এর শুরু এবং শেষ। অজানা থেকে যাবে অনেক কিছুই। সময়ের শেষ প্রান্তে এসে প্রতিটা জীবনকে নেমে যেতে হবে জীবন নামের ভ্রমণ গল্প থেকে। প্রতিদিন ঘুম থেকে জেগে আমিও ভাবি, আজই আমার শেষ দিন। জানি, কথাটা একদিন সত্য হবেই।

জীবনচক্রে ঘেরা, রিনিউ-অ্যাবল অ্যান্ড রিসাইকলড। প্রকৃতি এখানে সাপলুডো খেলছে। পুরাতনের কোনো জায়গা এখানে নেই। সৃষ্টির মূল রহস্য নতুনের মাঝে। যেতেই হবে, জায়গা করে দিতে হবে নতুনেরে।

আমরা কখনো কখনো হয়তো ভাবি, কেমন হবে সেই চলে

যাওয়ার দিনটা? কিছু উইশফুল চিন্তা চলে আসে, আমিও ভাবি সেই দিনের কথা।

আমি শুয়ে থাকব বিছানায় চাদর গায়ে জানালার পাশে। বাইরে ঝুম বৃষ্টি। থামার কোনো লক্ষণ নেই, প্রয়োজনও নেই। মাঝে মাঝে ঝাপটা বাতাস আর বৃষ্টির কিছু ছিটেফোঁটা গায়ে এসে পড়বে। ঝাপটা হিমশীতল বাতাস, চাদর টেনে মুখ লুকাব, আবার তাকাব বাইরে; কী অঝোর বৃষ্টি। একটু ওপাশ ফিরতেই দেখব আমার সবচেয়ে চেনা হাসি হাসি মুখ, তাঁর হাত আমার কপালে। এ আমার অভয়ারণ্য। মা থাকবেন পাশে, থাকতেই হবেন। মা চলে গেছেন অর্থহীন সময় আর দূরত্বে!

বাংলাদেশের সর্বদক্ষিণে। ইউনিয়ন : ধানখালী, উপজেলা : কলাপাড়া, জেলা : পটুয়াখালী।

হিমালয় আমি দেখিনি, হিমালয়ের শেষ দেখেছি। শেষটা এখানে। সীমানাহীন অভয়া নদী আর সাগরের কাছ ঘেঁষেই লোন্দা গ্রাম।

কী আছে এখানে জানি না। শুধু আমি জানি এক টুকরো স্বর্গ এখানে। পৃথিবীর বহু প্রান্তে আমি সূর্য দেখেছি, সূর্যের রং দেখিনি। রংটা যেন এখানে। মাঝে মাঝে মনে হয়, আমার ভালো লাগার প্রতিটা মানুষকে আমি নিয়ে যাব লোন্দায়। মাঝে মাঝে মনে হয়, লোন্দার পথ ধরে চলে যাওয়া প্রতিটা মানুষই আমার ভালো লাগার একজন।

পেশায় আমি একজন ইঞ্জিনিয়ার। ঢাকাতেই বড় হয়ে ওঠা। স্কুল-ইঞ্জিনিয়ারিং ইউনিভার্সিটি স্কুল। কলেজ নটর ডেম, ইউনিভার্সিটি বুয়েট। বুয়েটের শেষ দিকে ট্রান্সফার হয়ে চলে আসি আমেরিকার নিউ ইয়র্ক ইনস্টিটিউট অব টেকনোলজিতে। বিএসসি শেষ করে মাস্টার্স। তারপর এখানেই থেকে যাওয়া। প্রায় প্রতিবছরই দেশে যাই। মাঝে মাঝে লোন্দা ঘুরে আসি। পেশায় ইঞ্জিনিয়ারিংয়ের পাশাপাশি আমি একজন পর্যটক। পৃথিবীর প্রায় প্রতিটি প্রান্তে আমার পা পড়েছে, দেখা হয়েছে সব মহাদেশ।

আমরা ছয় ভাই-বোন, আমিই ছোট। আমিসহ চারজন পাড়ি জমিয়েছে দেশের বাইরে। বড় আপা, বড় ভাই আছেন দেশে। বাবা চাকরি করতেন বুয়েটে। সিভিল ইঞ্জিনিয়ারিং ডিপার্মেন্টে প্রায় তিন দশক ছিলেন সার্ভেয়িং ইনস্ট্রাক্টর

হিসেবে। মা সংসার দেখতেন। যতটা মনে পড়ে, আশির দশকের শুরু থেকে আমরা বড় হয়েছি একটা নিম্নমধ্যবিত্ত পরিবারে। বেশ টানাহেঁচড়ার সংসার। বছরের খোরাকির (ধান-চাল) জন্য নির্ভর করতে হতো লোন্দা গ্রামের ওপর। লোন্দা আমাদের দাদাবাড়ি। সেখানে কিছু ধানি জমি আছে। চাচা থাকেন গ্রামে। আমরা বছর শেষে ধান থেকে চাল করে নিয়ে আসি। স্কুলে বার্ষিক পরীক্ষা শেষ হতো ডিসেম্বরে। তারপর মায়ের সঙ্গে গ্রামে যেতাম আমি। থাকতাম মাসখানেক, আমার জীবনের শ্রেষ্ঠ সময়।

হাজারো মাইল দূর থেকে আমি ভাবি লোন্দার কথা, লোন্দার মানুষের কথা। পুরনো স্মৃতি, ফেলে আসা জীবন, মা-বাবার চলে যাওয়া—এসবই এই লেখার মূল অংশ।

শীতের সকাল। দক্ষিণে ভাটার সময়। হিমালয় থেকে নেমে আসা সব নদীর মিলনমেলা লোন্দা গ্রাম থেকে কয়েক মাইল দূরে। এখানে নদীর পারে লঞ্চঘাট বলে কিছু নেই, তবু লঞ্চ ভিড়বে ভাটার পানি ঠেলে ওয়াপদার বাঁধের পাদদেশের কাদায়। ঘাটের নাম দেবপুর। ছোট লঞ্চ, দক্ষিণাঞ্চলে বলে একতলা লঞ্চ। সারেং আর হেলপারদের চেষ্টায় লঞ্চ থামবে ভেদর কাদায়। লম্বা সিঁড়ি আর বাঁশের হাতল ফেলা হবে। হাতে গোনা কজন নেমে যাবে এই দেবপুর ঘাটে। তাদেরই একজন আমি, আমার মায়ের সঙ্গে।

বছর শেষে শহরে স্কুলের পরীক্ষা শেষ, এখন পৌষ মাস, গ্রামে ধানের সময়। নতুন ধান উঠবে, বছরের খোরাকি নিতে আমরা গ্রামে এসেছি। আগামী এক মাস আমরা থাকব গ্রামে।

গতকাল দুপুরেই আমরা ঢাকা থেকে একটা বড় লঞ্চে পটুয়াখালী এসেছি। এ ধরনের বড় লঞ্চগুলোতে থাকে দুটো ডেক, দ্বিতীয়তলায় কয়েকটি কেবিন, ভীড় বেশি হলে কেউ কেউ লঞ্চের ছাদেও রাত কাটায়।। যাহোক, পটুয়াখালী থেকে একতলা ছোট লঞ্চে করে গলাচিপায় পৌঁছেছি দুপুরে। এই লঞ্চগুলো বেশ ছোট। স্বল্প দূরত্বে মানে জেলার ভেতরেই এর চলাচল। ধারণ ক্ষমতা আনুমানিক একশোজন।

গলাচিপা দক্ষিণের এক উপজেলা। আমার ছোট খালার বাড়ি। খালু ছিলেন ইউনিয়ন পরিষদের চেয়ারম্যান। এক নামে এই অঞ্চলে সবাই তাঁকে চেনে। চেয়ারম্যানবাড়িতে যাওয়া মানেই এক উৎসব-খাওয়াদাওয়া, বাড়িভর্তি মানুষ, সালিস চলছে ঘরের সামনে কাছারিঘরে; পান-বিড়ির গন্ধে কাছারিঘর গমগম করছে। অনেক ভালো লাগার সময়। কিন্তু

আমরা এখানে উৎসবের জন্য আসিনি। আমাদের যেতে হবে লোন্দায়, খোরাকির সন্ধানে।

শীতের ভোরে ঘুম থেকে ওঠা এক ভয়ংকর কষ্টসাধ্য ব্যাপার। ভোর তো দূরের কথা, ফজরের ওয়াক্তের আগেই ধাক্কাধাক্কি করে ঘুম ভাঙানো হতো। দেবপুরে যাওয়ার জন্য একতলা লঞ্চ গলাচিপার ঘাটে আসবে সূর্য ওঠার আগে। দিনে একটাই লঞ্চ। সেই ভোরবেলায় কোনোভাবে গিয়ে লঞ্চে উঠতেই হবে। গলাচিপার ওয়াপদা বাঁধের পথ ধরে হেঁটে হেঁটে, কখনো রিকশাভ্যানে কিছুদূর গেলেই লঞ্চঘাট। আধোয়া ঝাপসা চোখে ঘাটে পৌঁছে দেখতাম দু- চারটা দোকানের মিটিমিটি আলো। কখনো ঘাটে লঞ্চ এসে অপেক্ষায়, কখনো লঞ্চ আসার অপেক্ষায়।

এই একতলা লঞ্চগুলোতে থাকত ছোট একটা মহিলা কেবিন, সাত-আটজন পাশাপাশি বসতে পারে। মা থাকতেন সেখানে। আমি লঞ্চের চারপাশ ঘুরে বেড়াতাম। মাঝে মাঝে মাকে এসে জানালায় উঁকি দিয়ে চেহারা দেখিয়ে যেতাম- আমি ঠিক আছি, মা যাতে চিন্তা না করেন। তখন আমি ক্লাস ওয়ানে বা টুতে পড়ি।

লঞ্চ গলাচিপার ঘাট ছেড়েছে। কিছু ফেরিওয়ালা উঠে গেছে। চারপাশ এখনো অন্ধকার, আমার ঘুম ঘুম চোখ। কিন্তু এখান থেকে একটু পরেই ধীরে ধীরে বদলে যাবে সব। বদলে যাবে চারপাশ। আমি ঢুকে যাব আমার পৃথিবী দেখার শ্রেষ্ঠাংশে। ভটভট আওয়াজে একতলা লঞ্চ ধীরে ধীরে এগোচ্ছে দক্ষিণে। অনেক বড় নদী এখানে। লঞ্চ চলত নদীর এক পাশ কাছে রেখে। কুয়াশায় ঝাপসা নদীর পার। একটু পরেই চারপাশ পরিষ্কার হতে শুরু করেছে। সকাল হচ্ছে বাংলার সর্বদক্ষিণে, চারপাশে জেগে উঠছে জীবন। দক্ষিণে এই নদী ঠিক নদী নয়, এ হচ্ছে সাগরের মোহনা।

সেই হিমালয়, সব ঝরে পড়া বৃষ্টি আর বরফগলা নদীর স্রোত সাগরে গিয়ে পড়বে বলে উন্মাদনায় মেতেছে। পদ্মা, মেঘনা, যমুনা অনেক বড় বড় নদীর নাম। সেই নামগুলো একসঙ্গে করেই তৈরি হয় আগুনমুখার মতো নদী।

ওই তো পুবে সূর্য উঠছে। কুয়াশাঘেরা চারপাশ। সূর্যের কোনো তেজ নেই, তীক্ষ্ণ চোখে তাকিয়ে থাকা যায়। এত বড় এক লাল থালা ধীরে ধীরে ওপরে উঠে যাচ্ছে। নদীর এপাশ দেখা যায়, ওপাশটা নয়। রাত জাগা কিছু জেলে এখন ঘরে ফিরছে। ভোরের আলোয় বাবা তার ছোট ছেলেকে নিয়ে ডিঙি নৌকায় বেরিয়ে পড়েছে মাছ ধরার আশায়। বাড়ির গৃহস্থ ঢুকে গেছে গরু-মহিষের গোয়ালে। ওইতো বাড়ির গৃহস্থ মহিলারা এসে গেছে নদীর ঘাটলায়। হয়তো কিছু ধোয়ামোছা, হয়তো মাটির কলস ভরে ঘরে পানি নিয়ে যাওয়া। একটু আগেই যে পৃথিবী ঘুমোচ্ছিল, তা এখন সজাগ।

একটু পর পর ঘাটে ঘাটে লঞ্চ থামছে। ঘাট বলতে কাদামাটি, নদীর পার। কেউ নেমে যাচ্ছে, কেউ উঠে পড়ছে। ঘাটে অপেক্ষা করছে স্বজন।

লঞ্চে নারিকেলের নাড়ু-মোয়া বিক্রি হচ্ছে, আছে মুড়ির মোয়া। ফেরিওয়ালারা রুটি কেটে মেখে দিচ্ছে মাখন। ঘোল-মাঠা নিয়েও উঠেছে কেউ। কেউ বিক্রি করছে গরম সিদ্ধ ডিম আর গাছ পাকা ছোট ছোট শবরি কলা। ইচ্ছে করে সব খেতে, সব না হলেও কিছু তো খাবই, মা টাকা দিয়েছে। নারিকেল কুড়িয়ে ফেরিওয়ালা নাড়ু তা কাগজে মোড়ানোর ফাঁকে তাকে বলে একটু নারিকেল হাতে নিয়ে খেয়ে ফেলতে হবে, বোনাস খাবার।

পাটুয়া-কলাগাছিয়া-ধানখালী ঘাট পার হয়েই দেবপুর। আমরা নামব দেবপুরে। দূর থেকে নদীর পারে ওয়াপদা বাঁধের ওপরে দু- একটা ছোট ঘর দেখা যায়। দূর থেকে অনেক পরিচিত মনে হয় জায়গাটা, আগেও এসেছি। ঘাটে আমাদের জন্য অপেক্ষায় থাকার কথা শাহালম চাচার। উনি আমাদের বাড়িতে কাজ করেন। প্রচণ্ড কর্মঠ পেশিওয়ালা একজন মানুষ। আমাদের সঙ্গে ব্যাগ, তল্পিতল্পা উনিই ঘাট থেকে বয়ে নিজে যাবেন। দেবপুরে নামা মানেই আমাদের গ্রাম লোন্দায় আসা নয়। এখনো বেশ পথ বাকি। মাইল তিনেকের হাঁটাপথ। দুটো খাল পাড়ি দিতে হবে।

ঘটনা প্রায় চল্লিশ বছর আগের। আমাদের জীবন বদলে গেছে অনেক। আমি থাকি লোন্দা থেকে প্রায় আট হাজার মাইল দূরে। আমি আছি যুক্তরাষ্ট্রের কানেক্টিকাট স্টেটের টেমস নদীর পাশে। নদীর ওপাশটাতেই নৌবাহিনীর সাবমেরিনের ঘাঁটি। টেমস নদী ধরেই সাবমেরিনগুলো গিয়ে পড়ে অতলান্তিক মহাসাগরে। পানিতে ডুবন্ত সাবমেরিন লঞ্চগুলো আমার লোন্দার সেই একতলা লঞ্চের চেয়ে বহু গুণ বড়। আমি অবাক হয়ে দেখি। শীতে এখানেও নদীর ওপরে কুয়াশা জমে অপরিচিত হয়ে পড়ে নদীর ওপাশটা। টেমস নদীর ওপাশটাতে সূর্য ওঠে। এই একই সূর্য চল্লিশ বছর আগে আমাকে আর মাকে একসঙ্গে আলো দিয়ে গেছে দেবপুরে ভাটার কাদায় নেমে যাওয়ার সময়।

মায়ের এখন আর আলোর প্রয়োজন হয় না। আমি আলো দেখি, আলো গায়ে মাখি, আলোতে মাকে খুঁজি। রহস্যময় এই আলো মাঝে মাঝে বড় অন্ধকার লাগে।

কোলায় (ধানক্ষেতে) ধান উঠেছে। গৃহস্থের ব্যস্ত সময়, হাইল্লা (কাজের মানুষ) ঠিক করতে হবে। কাজের বিনিময়ে খাদ্য, দিন শেষে কিছু টাকা। সূর্য ওঠার আগেই হাইল্লা বাড়িতে হাজির। এক থালা পান্তাভাত। থালা বললে কম বলা হবে, আকারে ছোটখাটো একটা গামলা, সঙ্গে মরিচ পোড়া; হয়তো গত রাতের ঠাণ্ডা হয়ে যাওয়া কিছু সালুন (তরকারি)। পান্তা শেষ করেই তৈরি হয় হুক্কা তৈরির প্রস্তুতি, ক্ষেতে নিয়ে যাওয়া হবে। ধানক্ষেতের নাড়া পেঁচানো বেণিতে আগুন ধরানো হচ্ছে। সারা দিন কাটবে ক্ষেতে। দুপুরের ভাত যাবে সেখানে, ফিরে আসা সেই সন্ধ্যায়।

ক্ষেতে ধান কাটা হচ্ছে, গ্রামের অন্য বাচ্চাদের সঙ্গে আমিও ক্ষেতে ধানের ছড়া তুলছি। কৃষাণি ধানের ডগা কাটার সময় ধানের দু- একটা ছড়া বাদ পড়ে যায়। গ্রামের ছোট ছেলেমেয়েরা পেছন পেছন ঘুরতে থাকে ফেলে যাওয়া ধানের সেই ছড়াটা তোলার জন্য। এই করতে করতে সবার সঙ্গে আমারও বেশ কিছু ধান জমে যেত, বাড়িতে এক কোণে আলাদা করে রাখা হতো। এক বা দুই পাহাড়ি ধান (কয়েক সের) জমলেই হাটে যেতে হবে অন্যদের সঙ্গে। ধান বিক্রি হবে। কেনা হবে নাড়ু, মোনাক্কা, জিলাপি বা অমৃতি।

লোন্দায় এখন পৌষ। গৃহস্থ ঘরে ফিরছে নাড়া মাথায়।

এ অঞ্চলে সপ্তাহে বিভিন্ন দিনে বিভিন্ন জায়গায় হাট বসে। রবিবারে নোমোর হাট, সোমবাইররা (সোমবার) হাট, বুধবাইররা হাট বা পেদার হাট। হাফেজ পেদা ছিলেন এই অঞ্চলে অবস্থাসম্পন্ন ব্যক্তি। তাঁর জায়গার ওপর হাট বসত বলেই তাঁর নামে বুধবারের হাট। আমাদের বাড়ি থেকে এটাই সবচেয়ে কাছের হাট।

তখন বুধবার মানেই সাপ্তাহিক ঈদ, আজ দিনটা হবে অন্য রকম আনন্দের। সকাল থেকেই সব ঘরে ঘরে প্রস্তুতি। কেরোস (কেরোসিন) তেল, সয়াবিনের খালি হয়ে যাওয়া বোতল-শিশি বের করছে গৃহস্থরা। কিছু হাঁস-মুরগি আজ খোপ থেকে ছাড়া পায়নি। এই বাড়ির খোপে আজই শেষ দিন। তারাও যাবে হাটে, যাবে অন্য গৃহস্থের ঘরে। তাদের নিকট ভবিষ্যৎ বলা মুশকিল। হয়তো কারো বাড়ির অন্যদের সঙ্গে যোগ দিয়ে নেমে যাবে পুকুরে, বাড়ির আঙিনায়। কে জানে, হয়তো নতুন জামাই এসেছে। কোথাও পৌষে রুটি পিঠা আর হাঁসের মাংস ছাড়া জামাই আদর হওয়ার কথা নয়। যা হোক, আপাতত হাঁস-মুরগির পা প্যাচানো হচ্ছে। তাদের বিক্রির টাকায় ঘরে আসবে গৃহস্থের বাজার।

ওদিকটাতে উঠানে ধান মেপে বস্তা ভরা হচ্ছে। নৌকা জোগাড় করা হয়েছে অন্য বাড়ি থেকে। ধান যাবে নৌকায়। দুপুর পার হতেই পুকুর আর খালে গোসল শেষ সবার। কড়া শীতের রোদে উঠানে দাঁড়িয়ে গায়ে মাখা হবে কটু তেল (সরিষার তেল)। দুপুরে গরম ভাত পেটে পড়লেই তৈরি হবে ধোয়া পাঞ্জাবি- লুঙ্গি পরে। সবার না হলেও কারো কারো আছে প্লাস্টিকের কালো জুতা, আছে ছাতা। এই জুতা পরে পুরোটা পথ হাঁটা ঠিক হবে না, নষ্ট হয়ে যাবে।

হাঁটের কাছাকাছি গেলেই নদীর কূল, খালি পায়ে পুরোটা পথহাঁটা। হাট-বাজারে ঢোকার আগে আগে পা ধুয়ে জুতোজোড়া পরে নেওয়া।

একটু পরেই জমে উঠবে পেদার হাট। চারপাশ থেকে মানুষ আসা শুরু করেছে সদাই নিয়ে, আসছে নৌকায় বেপারিরা। আমি গ্রামে এসেছি অল্প সময়ের জন্য। মাসখানেক থাকব এখানে মায়ের সঙ্গে। আজ হাটবার। সবার সঙ্গে আমিও হাটে যাওয়ার প্রস্তুতি নিচ্ছি। গোসলের পর মা ডেকে গায়ে-মাথায় তেল মেখে দিয়েছেন, পাশে বসিয়ে দুপুরের গরম

ভাত, কলোই শাক, হয়তো মুরগির সালুনের এক টুকরা আলু, এক টুকরো মাংস। আমি যাদের সঙ্গে হাটে যাব মা তাদের বলে দিচ্ছেন-আমাকে সঙ্গে সঙ্গে রাখার জন্য, হাত ছাড়া না করার জন্য। হাটবার মানেই ভয়ংকর আনন্দ। বাড়ি ফিরব ক্লান্ত হয়ে, সন্ধ্যা পার হয়ে অন্ধকারে।

মা এখানেই এখন ক্লান্তিহীন অন্ধকারে ঘুমোচ্ছেন। আমি এখনো গ্রামে যাই। সব মনে পড়ে। মা যেখানে ঘুমিয়ে আছেন তার পাশ দিয়ে হেঁটে যাওয়ার সময় মাঝে মাঝে মনে হয়-আচ্ছা মা কি জানেন আমি পাশ ঘেঁষে যাচ্ছি? মা কি আমাকে কিছু বলতে চান? অনেক রাতেই স্বপ্নে মাকে দেখি। ঘুম ভাঙার পর অস্থির লাগে। জানি ওটা স্বপ্ন, তার পরও সারা দিন কাটে অস্থিরতায়।

মানুষ হয়ে জন্মানোর অনেক যন্ত্রণা। সবচেয়ে বড় কষ্ট আমাদের লম্বা সময়ের স্মৃতি, যা অন্য পশুদের মধ্যে নেই। তারা দ্রুত অতীত ভুলে যায়। সহজ স্বাভাবিক জীবনে ফিরে যেতে পারে খুব সহজেই। মানুষ পারে না। স্মৃতি মানুষকে আঁকড়ে ধরে রাখে। কী হতো স্মৃতি না থাকলে!

লোন্দায় গৃহস্থের উঠানে পৌষের ধান

বাবা তাঁর মা-বাবাকে হারিয়েছেন, তখন তিনি অনেক ছোট। মায়ের চেহারা বা মায়ের কথা তাঁর কখনোই মনে ছিল না। আমার এক চাচাতো বোন-নাম সুমী। ওকে দেখলেই বাবা বলতেন—তুই দেখতে আমার মায়ের মতো।' কেন বলতেন জানি না। হয়তো সত্যি, হয়তো শুধুই মায়া থেকেই বলা।

আপন ভাই-বোন বলতে তাঁর একমাত্র বড় ভাই, আমাদের চাচামিয়া। বাবা ডাকতেন 'নেবাই' (মিয়াভাই থেকে নেবাই)।

গত শতাব্দীর আশির দশকের কথা। পুরান ঢাকার শেখ সাহেব বাজারে ভাড়া বাসায় আমরা থাকি। তখন মোবাইল ফোন ছিল না। ল্যান্ডলাইন থাকা মানে সে পরিবারের আর্থিক অবস্থা বেশ ভালো। আমাদের বাসায় ফোন নেই। ইমার্জেন্সি কিছু হলে প্রতিবেশীর বাসার ল্যান্ড ফোনে খবর আসত।

প্রতিবেশীর বাড়ি থেকে বাবাকে ডাকা হয়েছে। তিনি ফোন রিসিভ করে ফিরে এসে চুপচাপ বসে আছেন। মা তখন নামাজে। উনি অপেক্ষা করছেন মায়ের নামাজ শেষ হওয়ার। নামাজ শেষে মাকে শান্ত গলায় বললেন—নেবাই নাই! ধীরস্থিরভাবে উনি বসে আছেন।

বাংলাদেশের সর্বদক্ষিণে ওয়াপদা বাঁধের মাটি কেটে 'নেবাই' একসময় তাঁকে পড়ার খরচ দিয়েছে। লোন্দা গ্রামে কলেরায় একরাতে কোনো চিকিৎসা পাওয়ার আগেই 'নেবাই' নাই!

তারও কয়েক বছর আগের কথা। দক্ষিণাঞ্চলে ঝড়ে লঞ্চডুবি, বেশ কিছু মানুষ মারা গেছেন। তাঁদের একজনের নাম আলাউদ্দীন, আমার বাবার নাম। সেই খবর 'নেবাই'র

১৪

কানে পৌঁছে গেছে লোন্দা গ্রামে। আমরা থাকি ঢাকায়। সত্যতা না জেনেই 'নেবাই" ধরে নিয়েছেন তাঁর ভাই নেই। পরে জানলেন সে অন্য এক আলাউদ্দীন। তাঁর ভাই বেঁচে আছে। উনি মানত করলেন। একসময় বাবা ফিরে গেলেন লোন্দা গ্রামে। 'নেবাই' বাড়ি বাড়ি ঘুরে দুধ জোগাড় করে রেখেছেন। ভাইকে দুধ দিয়ে গোসল করাবেন। তারপর ঘরে উঠবে। একটা ছাগলও কিনে রেখেছেন। জানের সদকা দেবেন, জীবনের বিনিময়ে জীবন। বাবার গায়ে ছোঁয়া দিয়ে সেই ছাগলের দড়ি খুলে দেওয়া হলো আল্লাহর ওয়াস্তে। মানতের ছাগল, এখন এর আর কোনো মালিকানা নেই। ব্যাপারটা আগে থেকেই ঠিক করা, মানতের ছাগল নিবে মসজিদের হুজুর।

আমার স্পষ্ট মনে আছে-নাড়া ক্ষেতে ছাগল দৌড়াচ্ছে, ছাগলের পিছে পিছে ছুটছে হুজুর। এ যাত্রায় জানে বেঁচে গেছে 'নেবাই'র ছোট ভাই।

ছেলেমেয়ে বড় করতে গিয়ে বাবা নিজের জন্য কোনো ঘরবাড়ি করতে পারেননি। জীবন কেটেছে ভাড়া বাসায়। তাঁর কথা অনুযায়ী তাঁর ছয় ছেলেমেয়েই তাঁর ছয়টা বাড়ি। বাড়িগুলো সব ভালো আছে এখন।

শেষের দিকটাতে বাবা খুব গ্রামে যেতে চাইতেন। দেশের সব বাবারাই হয়তো এমনটা করে, শেকড়ের কাছে ছুটে যাওয়া। শহরের জঞ্জালে লম্বা এক পথ পাড়ি দেওয়ার পর হয়তো ক্লান্তি আসে। শেষ দিকটায় অনেক আগ্রহ নিয়ে গ্রামে একটা ছোট মসজিদ, ঘর আর পারিবারিক কবরস্থান তৈরি করলেন। সেই কর্মকাণ্ডের সময় একবার ছিলাম তাঁর সঙ্গে। তখনই মনে হয়েছিল, বাবা চলে যাওয়ার প্রস্তুতি নিচ্ছেন। এক সন্ধ্যায় বাবার পাশে দাঁড়িয়ে আছি। খোলা মাঠের ওপারে কী সুন্দর শীতের সূর্য অস্ত যাচ্ছে। কী ভেবে বাবা বলেছিলেন-এই বেলার মতো আমারও বেলা শেষ হয়ে আসছে।

কুয়াশার চাদরে নদীর ওপাশটা ঢাকা।
পুবের সূর্য উঁকি দেয় লোন্দায়।

একটা ছেলের গল্প। ম্যাট্রিক পাস করে ইন্টার দিতে অনেক সময় লেগে গেছে প্রায় সাত বছর। কখনো গ্রামের বাড়িতে লজিং মাস্টার। তারা থাকতে দেবে, খেতে দেবে; বিনিময়ে বাড়ির ছেলেমেয়েদের পড়াশোনা দেখা। যে বাড়িতে লজিং মাস্টার তাদের অবস্থাও ভালো নয়, দরিদ্রতায় ডুবে আছে সবাই। কখনো কখনো ভাতের পরিবর্তে ভাতের মাড় খেয়ে পার হয়ে গেছে দিন। সেই ছেলেটা হাঁটতে হাঁটতে অনেক দূর পর্যন্ত এসে পড়েছে। তারই ছেলের হাত ধরে সে দেখছে গোটা পৃথিবী। হাত ধরে পৃথিবী দেখাটা কাল্পনিক। আমার বাবা কল্পনায় থাকেন আমার সঙ্গে, পথে পথে আমরা ঘুরে বেড়াই।

দক্ষিণ আমেরিকার উত্তর-পূর্বে ক্যারিবিয়ান আইল্যান্ডের এক ছোট দেশ ত্রিনিদাদ। অর্থনৈতিক দিক থেকে দেশটির অবস্থা বেশ খারাপ। হোটেল থেকে বের হয়ে পানির পাশ ধরে আমি হাঁটছি। একটু দূরে যেতেই দেখি খাবারের কিছু দোকান। জায়গাটা বেশ নিরিবিলি। খোলা আকাশের নিচে গাছের ছায়া ঘিরে টেবিল বসানো আছে। খেতে বসে নজরে এলো, এক লোক কাছের এক বেঞ্চে শুয়ে আছে। অনেকটা ঘরহারা মানুষ, কাপড়চোপড় আধোয়া। বিড়বিড় করছে। হয়তো আমাদের সাধারণের চেয়ে মানসিক ভারসাম্যটায় পিছু পড়ে যাওয়া একজন। খুব সামান্য একটু সাহায্য করে আমি জায়গাটা থেকে ফিরে গেলাম হোটেলে। দুপুরের পর নামল ঝুম বৃষ্টি। ক্যারিবিয়ানের সেই বৃষ্টি আজ ভাসিয়ে নিয়ে যাবে সব। যাক সব ভেসে।

আমি বসে বসে লজিং বাড়ির সেই ছেলেটার কথা ভাবছি। ভাতের মাড় খাবার গল্পেও তাঁর আনন্দ ছিল। মুখে হাসি

নিয়েই ছেলেমেয়ের সঙ্গে সেই গল্প তিনি করতেন। প্রচণ্ড শক্তসমর্থ সেই মানুষ হেঁটে হেঁটে অনেকটা পথ এসে হেরে গেলেন পারকিনসন নামের এক অসুখের কাছে। অসুখটা শেষ পর্যন্ত তাঁর বাক্‌শক্তি কেড়ে নিল। কেড়ে নিল স্বাভাবিক আহারের ক্ষমতা। শরীর আর মন সরে গেল সম্পূর্ণ অচেনা দুই জগতে। ধীরে ধীরে বাবা চলে গেলেন। তারপরও পিছু রেখে গেলেন অনেক। কল্পনায় তিনি এখনো হাত ধরে ঘুরে বেড়ান।

লোন্দায় নদী উপচে জোয়ার এসেছে আজ।
কল্পনায় বাবা কখনো কখনো হাত ধরে ঘুরে বেড়ান।

আশির দশকের শুরুর দিক। পুরান ঢাকার আমলীগোলা বালুঘাটে আমরা যে বাসাটায় ভাড়া থাকি, সেটা দুই রুমের। পাশে লম্বা এক বারান্দা। পরিবারে আটজন মানুষ আমরা। বাবা চাকরি করেন। বেতনের অর্ধেকটাই তখন চলে যায় বাসাভাড়ায়। ঘরে বসার জায়গা বলতে কয়েকটা প্লাস্টিকের বেতের চেয়ার। ভাই-বোনদের দুই রুমে থাকতে দিয়ে বাবা মাকে নিয়ে বারান্দায় ঘুমাতেন, মাঝেমধ্যে ঝুম বৃষ্টির রাতে ঘুম ভেঙে তোশক নিয়ে বাবা ঘরে ঢুকতেন।

এখন ২০২৩ সাল, আমি আছি যুক্তরাষ্ট্রের কানেক্টিকাট অঙ্গরাজ্যে। একজন লাইসেন্স প্রফেশনাল ইঞ্জিনিয়ার, প্রাইভেট সেক্টরে কাজ করে এখন আছি সরকারি চাকরিতে, এক মিলিটারি একাডেমিতে। আমার সঙ্গে আছে শারমীন (আমার স্ত্রী), সেও প্রফেশনাল বিজনেস কনসালট্যান্ট। মূলকথা, আমরা ভালো আছি। আড়াই একর জায়গার ওপর বেশ বড় বাড়ি, আমরা মানুষ দুজন। বারান্দায় ঘুমানোর অভিজ্ঞতা কী, আমি জানি না। আমার ঘরে ব্রিটিশ ডিজাইনার টিমোথি ওল্টনের ফার্নিচার। কিন্তু সেই প্লাস্টিকের বেতের চেয়ারের আনন্দ এখানে অনুপস্থিত।

যুক্তরাষ্ট্রে শারমীন আর আমার বার্ষিক আয়ের হিসাবে আমরা এ দেশের ওপরের দিকের আয় গ্রুপের মধ্যেই পড়ি। তার পরও শঙ্কা হয়, আসলেই কি অনেক আছে আমাদের? আর একটু হলে কি ভালো হতো? আর ঠিক তখই মাঝেমধ্যে বাবার কথা মনে হয়, কোথাও কোনো অদৃশ্যে বাবা মিটিমিটি হাসছেন। স্পষ্ট শব্দহীন সেই হাসি, কোনো ক্লান্তি নেই এখন সেই মুখে।

ছোটবেলায় আমাদের ঘরে প্রথম টিভি। সাদাকালো টিভি, ব্র্যান্ডের নাম ন্যাশনাল। তখন টিভি চ্যানেল বলতে শুধু বিটিভি। ঘরে টিভি কেনার আগে আমরা যেতাম পাশের বাড়িতে। বাবা পড়াশোনার জন্য চাপ দিতেন। তাঁর ভয়ে টিভি দেখা যেত না। আমরা অপেক্ষায় থাকতাম বাবা কখন ঘুমাতে যাবেন। বাসায় ছোট ছোট রুম, এখানেও এক সমস্যা। তখনকার সেই ন্যাশনাল টিভি আজকের মতো এতটা ডিজিটাল নয়। টিভি ছাড়তে হতো নব ঘুরিয়ে। সেই অন-অফ করতে গিয়ে একটা শব্দ হতো। পরিচিত শব্দ, কেউ টিভি ছেড়েছে, অল্প ঘুমে বাবা টের পেয়ে যাবেন। কাজেই টিভি ছাড়ার সময় ভাই-বোনদের মধ্যে কেউ একজন কাশি দিত, যাতে বাবা বুঝতে না পারেন টিভি ছাড়া হয়েছে। বাকিটা শব্দহীন টিভি উপভোগ, সেও কম কী?

ছোটবেলায় আমলীগোলা বালুঘাট থেকে বাবার সঙ্গে হেঁটে হেঁটে বুয়েটের স্কুলে চলে যেতাম। মনে পড়ে, একদিন হাঁটতে হাঁটতে বাবার কাছে আট আনা পয়সা আবদার করেছিলাম। বাবা দিতে পারেননি। হয়তো ছিল না পকেটে। অথবা হয়তো কোনো কারণে দিতে চাননি। আমার বয়স তখন ছয় বা সাত বছর। খুব রাগ হলো, আমি রাগে বাবার হাত ছেড়ে দৌড় শুরু করলাম। বাবা ছুটছেন পেছন পেছন। হয়তো ভাবছিলেন, কিছুতেই এই ছেলেকে হাত ছাড়া করা যাবে না, কোনো বিপদ যেন না হয়। দৌড়ে তাঁকে জিততেই হবে। বাবা জিতে গেলেন। কোনো এক অদৃশ্যে তিনি আবার মিটিমিটি হাসছেন, আমি স্পষ্ট দেখতে পাই। জিতে যাওয়ার আনন্দে হাসছেন আমার বাবা। জীবনযুদ্ধে তিনি জিতে গেছেন।

ছোটবেলায় ছয় ছেলেমেয়েকে তিনবেলা ঠিকমতো খাওয়ানোর জন্য বাবাকে টাকা ধার করতে হয়েছে। মাসের শুরুতে বেতনের টাকা এনে বাবা দিতেন মায়ের হাতে। আমাদের আনন্দের এক সময়, মাসের শুরুর দিকটা ভরসার সময়। শুরুতেই দেনা-পাওনা শোধ, সপ্তাহ এক-দুই পেরোতেই আবার সেই চক্র। মাঝে মাঝে বাজারের টাকা না থাকায় বাবা টাকা খুঁজতেন আমাদের কাছে, কারো জমানো কিছু আছে কি না। আমরা কখনো দিতাম, তবে আবদার থাকত বেতন পেলে বাড়িয়ে দিতে হবে। বাবা এককথায় রাজি হয়ে যেতেন, তিনি নিরুপায়।

বাবা শক্ত সামর্থ্য মানুষ ছিলেন। ছোটোখাটো জ্বর ঠান্ডা ছাড়া বাবাকে অসুস্থ হতে দেখিনি কখনো, হাসপাতালতো অনেক দূরের, নিজের প্রয়োজনে ডাক্তারের কাছে গিয়েছেন মনে পরে না। কখনো বাবার জ্বর হলে ভয় পেতাম। অনিশ্চয়তা, কী হবে আমাদের বাবা যদি ভালো না হয়। এখন বাবা নেই, আমরা ভালো আছি, বেশ ভালো। বাবা ভালো করে রেখে গেছেন। তাঁর সাধ্যের মধ্যে তিনি ছেলেমেয়েদের ভালোমন্দ খাইয়েছেন, পেন্সিল কেটে দুটি ভাগ করে দুজনকে দিয়েছেন পড়াশোনার জন্য, নিউজপ্রিন্টের পাতায় পেন্সিলে লেখার পর বলপেনের ব্যবহার হয়েছে। বাবা যাওয়ার সময় তাঁর ছয় সন্তানের ছোটজনের বয়স ৪৫। সেই ছোট আমি। বাবা কাউকে নিজ পায়ে দাঁড় না করিয়ে রেখে যাননি।

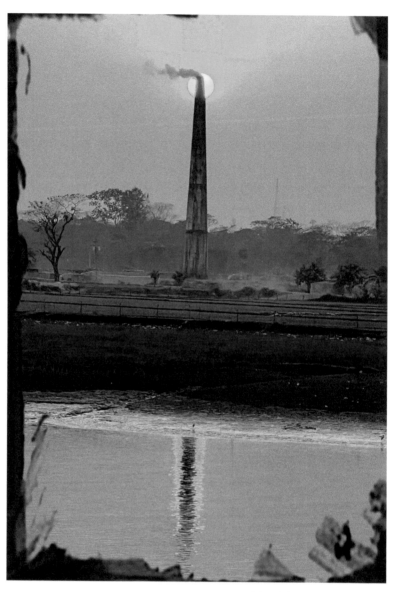

লোন্দা যাবার পথে কখনো চোখে পরে ইটের ভাটা।
কখনো আকাশে রং মাখে পশ্চিমের সূর্য।

ছোটবেলায় বাবাকে দেখিছি একজন রাগী মানুষ হিসেবে। তাঁর হয়তো সেভাবেই থাকাটা প্রয়োজন ছিল জীবনের কারণে, সময়ের প্রয়োজনে। ধীরে ধীরে আমরা যখন বড় হচ্ছি, বাবা হয়েছেন বন্ধুসুলভ। ১৯৮০ দশকের কথা। স্কুলে পড়ি ওয়ান-টুতে। আমাদের ভাড়া বাসা পুরান ঢাকার আমলীগোলা বালুঘাটে। বাবা চাকরি করেন বুয়েটে পলাশীর কাছে। আমি আর ভাইজান (মেজো ভাই) বুয়েটের স্কুলে পড়ি তখন। বাসা থেকে স্কুল পায়ে হাঁটা পথ, ঘণ্টাখানেক লেগে যায়। তখন রিকশা ভাড়া ছিল দুই টাকা। বাবার সংসার চালানো কঠিন, প্রতিটা টাকা গুনে গুনে খরচ করেন তিনি। রিকশায় মাঝে মাঝে যাওয়া হতো, তবে বেশির ভাগ সময় হেঁটে। বাবা, ভাইজান আর আমি। বাসা থেকে বের হয়ে গলি পেরিয়ে একটু সামনে গেলেই একটা হোটেল/রেস্তোরাঁ। টাকায় তখন চারটা আলুপুরি পাওয়া যায়। একটা দোকানে দিত টাকায় ছয়টা আলুপুরি। সাইজে একটু ছোট, সংখ্যায় বেশি। একটা টিফিন বক্সে ঢোকানো হতো ছয় আলুপুরি। এটা আমার আর ভাইজানের। আমি যেহেতু ছোট, কাজেই টিফিন বক্স থাকত আমার কাছে। স্কুলে টিফিন ব্রেকে আমি তিনটা খেয়ে দিয়ে বাকি তিনটা দিয়ে আসতাম ভাইজানকে। আমার স্কুল শেষ হতো সকাল ১০টা ৪০ মিনিটে, ভাইজানের শেষ দুপুর দেড়টায়। মাঝের এই সময়টা বাবা আমাকে নিয়ে যেতেন তাঁর অফিসে। বাবা ছিলেন বুয়েটের সার্ভেয়িং ইনস্ট্রাক্টর। তাঁর অফিস রুমের পাশে ছিল সার্ভের সরঞ্জাম আর বড় বড় তাঁবুর ঘর। আমি ঘুরে ঘুরে দেখতাম। একটা রিক্লেইনিং বা শুয়ে থাকার মতো চেয়ার ছিল রুমে, মাঝে মাঝে আমি ঘুমিয়ে যেতাম। দুপুর একটায় বাবা ডেকে তুলতেন। ভাইজানের ক্লাস শেষ হবে, আমরা ফিরে যাব আমলীগোলা বালুঘাটে।

বাবা এখন আর ডেকে তোলেন না। তুলবেন কিভাবে, তিনি নিজেই তো ঘুমাচ্ছেন। তাঁকেও আর ডাকা যাবে না। ডাকা গেলে ভালো হতো। একবার পলাশী থেকে হেঁটে হেঁটে আমলীগোলা বালুঘাটে চলে যেতাম।

শেষের দিকটাতে পারকিনসন নামের ভয়ানক অসুখ ধীরে ধীরে বাবাকে ঘিরে ফেলল। বাবার শারীরিক-মানসিক কন্ট্রোল চলে গেছে পারকিনসনের হাতে। শেষের দিকটায় একটু একটু করে পুরো বাক্‌শক্তি হারালেন। খাবার গলা দিয়ে তখন নামে না, দিতে হয় নল দিয়ে। বাসায় হাসপাতালের বেড, দেখাশোনার অনেক মানুষ। মা তো একাই এক শ। ভাই-বোনরা আছে। লোন্দা গ্রাম থেকে এসেছে লাবু দাদা, মেসের ভাই। এত এত মানুষের ভিড়েও তখন বাবার একটা হাত, একটা পা বেডের সঙ্গে বাঁধা। যারা পারকিনসন সম্পর্কে জানে না, তারা কখনো বুঝবে না এই অসুখ একজন মানুষকে ধীরে ধীরে কোথায় নিয়ে যেতে পারে। আমি মাঝে মাঝে বলি প্রকৃতি সাপলুডো খেলছে আমাদের সঙ্গে। কিন্তু এতটা বাজেভাবে বাবাকে পরাজিত না করলেও চলত। আমরা অসহায়ের মতো দেখেছি পৃথিবীর সবচেয়ে শক্তিধর মানবের পরাজয়, ধীরে ধীরে বাবা চলে গেলেন অন্য জগতে।

ছেলে হয়েও আমি মাঝে মাঝে ভাবি-ভালো হতো যদি বাবা ছয় মাস আগেই চলে যেতেন। শুনেছি আমি, ভাইজান মক্কায় গিয়ে বলেছে বাবাকে নিয়ে যেতে। এত কষ্টের চেয়ে ফিরে না আসার ঘুম পরম শান্তির। আমাদের বাবা, সেই শক্ত দেয়াল একদিনে ধসে পড়েনি। একটা একটা করে সে দেয়াল থেকে ইট খসে পড়েছে। মাকে নিয়ে আমরা ছয় ভাই-বোন তা খুব কাছ থেকে দেখেছি

এই আমাদের গ্রাম
এই তো লোন্দা
তীব্র আনন্দধারায় এখানে কষ্টের ছায়া অস্পষ্ট
একজনের অনুপস্থিতি
মনে হয় সব কিছুই আগে থেকে ঠিক করা
আয় লোন্দায়, শান্তি আনন্দধারা সরলতায়।

বল খেলা যাবে না

মতিঝিল তখন ঢাকার কেন্দ্রবিন্দু।

চব্বিশতলা বিল্ডিংয়ের পাশেই ঢাকা স্টেডিয়াম। দেশের প্রথম বিভাগ ফুটবল লীগের খেলা এখানেই হয়।

আজ ছোট দুটা টিমের খেলা। ফকিরাপুল বনাম আরামবাগ। ফকিরাপুল দলের বিশ্বস্ত গোলরক্ষকের নাম-হাকিম। আমার বাবা সিকদার সাহেবের মেজো ছেলে আর আমার ভাইজান।

ছোটবেলা থেকেই বল খেলার প্রতি উৎসাহ হাকিমের। বাবার তা অপছন্দ। তাঁর কথা অনুযায়ী ছেলেমেয়েদের শুধু পড়াশোনা করতে হবে। জীবনে টিকে থাকার একমাত্র উপায় পড়ালেখা। বাসায় জানিয়ে এবং না জানিয়ে হাকিম খেলতে যেত। বাবার কাছে ধরা খাওয়া আর বিভিন্ন পদের শাস্তির সঙ্গে হাকিমের পরিচয় ছোটবেলা থেকেই। সে সময়টাতে পরিবারের সব ভাই-বোনই বাবাকে ভয় পাই। রাগী মানুষের সংজ্ঞা হয়তো তাঁর কাছ থেকেই নেওয়া।

দুপুরের ঠিক পরপরই ফকিরাপুলের খেলা শুরু। গোলরক্ষক হাকিম। আমি দু-তিনজন বন্ধুকে সঙ্গে নিয়ে খেলা দেখতে গিয়েছি। হাকিমের গোলপোস্টেও পেছন দিকটাতে গিয়ে বসেছি। গোলরক্ষক ভালো খেলবেন। খুব কাছ থেকে তা দেখতে হবে। কাজেই গোলপোস্টের ঠিক পেছনটায় গিয়ে বসা।

ছোট দুটো টিমের খেলা। গ্যালারিতে দর্শক নেই বললেই চলে। ছিটেফোঁটা এদিক-ওদিক কিছু মানুষ, গ্যালারির মাঝ দিকটাতে বেশ কিছু মানুষের সমাগম। খেলায় হাফ টাইম হয়ে গেছে। এখন পনের মিনিটের বিরতি। হাফ টাইমের

২৭

পর গোলপোস্ট বদল হবে। হাকিম যাবে স্টেডিয়ামের অন্য পাশটাতে। গ্যালারি যেহেতু এক রকম মানবশূন্য, কাজেই আমরাও যাব সেদিকটাতে। সঙ্গে বন্ধু কজন নিয়ে হাঁটা দিলাম। তখন বয়স কম, নতুন নতুন সিগারেট খাওয়া শিখেছি। স্টেডিয়ামে খেলা দেখতে গিয়েছি, সিগারেট খাব না তা তো হবার নয়। হেঁটে হেঁটে গ্যালারির অন্য পাশটাতে যাচ্ছি, হাতে জ্বলন্ত সিগারেটের সুখ টান।

গ্যালারির মাঝপথটা পার হওয়ার সময় আমার নাম ধরে কেউ ডাকল। হাতের বাঁ দিকে একটু পেছন থেকে আসা এক পরিচিত কণ্ঠস্বর। বোঝাই যাচ্ছে, খুব কাছে বসে কেউ ডাক দিলেন। একবারই ডাক। এই কণ্ঠস্বর আমার পরিচিত, আমার হাতে সিগারেট। আমার সামনে বোমা ফাটলেও এখন পেছন ফেরা যাবে না। হাঁটার গতি বাড়তে থাকল। এ ডাকের সাড়া আমি দেব না। যিনি ডেকেছেন সেই মানুষটার স্টেডিয়ামে আসার কথা নয়, কোনো দিন আসেননি। তিনি বল খেলা পছন্দ করেন না। তিনি চান না হাকিম বল খেলুক।

খেলা শেষ। হাকিম সেদিন কেমন খেলেছিল আমার মনে নেই। খেলার রেজাল্ট কী হয়েছিল তাও মনে নেই। সন্ধ্যার পর বাড়ি ফিরে অপেক্ষায় আছি কখন ঘরে রাগারাগি শুরু হবে আমার সিগারেট খাওয়া নিয়ে। কিন্তু কিছুই হলো না। রাতে খাবারের পর বাবা ডাকলেন। শান্ত গলায় বললেন— 'বাবা, বদভ্যাস যদি কিছু হয়ে থাকে ছেড়ে দিও।'

বাবা চাইতেন না হাকিম খেলার পিছু ছুটুক বা খেলুক। তারপরও ছেলে কেমন খেলছে তা নিজের চোখে দেখার তাড়না পৃথিবীর সব বাবারই হয়তো থাকে। সেদিন কাউকে না জানিয়ে জীবনে প্রথম স্টেডিয়ামের মাঝখানে অপরিচিত কিছু মানুষের সঙ্গে বসে বসে খেলা দেখছিলেন আমার বাবা।

কল্পনায় আমার ভাবতে ইচ্ছে হয়-আচ্ছা উনি কি আশপাশের লোকজনকে বলে বেরিয়েছেন—ওই দেখেন, আমার ছেলে গোলপোস্টে দাঁড়িয়ে আছে, নাকি চুপচাপ খেলা দেখে গেছেন। আমি যে লোকটাকে বাবা হিসেবে চিনি, তাঁর চুপচাপ থাকার কথা নয়। ছেলেমেয়ের প্রশংসা পারলে তিনি মাইক ভাড়া করে করতেন। হাকিম জাহাঙ্গীরনগর থেকে অর্থনীতিতে পড়াশোনা করে জীবিকার পথ খুঁজে নিয়েছে বল খেলায়। আছে ভালোই, কানাডায় ফুটবল কোচ।

শত বছর পরে
কে ডাকিবে তোরে?
আয় আয় এইতো সময়
এই গায়ে, এই লোন্দায়।

স্মৃতির পাতা থেকে

মোঃ আলাউদ্দিন সিকদার

মা-বাবার একসময় আমেরিকায় পার্মানেন্ট রেসিডেন্সি (গ্রিন কার্ড) হলো। বেশ কয়েকবার আসা-যাওয়ার পর এই দেশ, জায়গা তাঁর ভালো লাগেনি। অস্থির হতেন, হয়তো পেছনে শেকড়ের টান।

শেষবার যখন এসেছিলেন, তাঁকে ব্যস্ত রাখতে আপামণি (মেজো বোন) একটা প্রজেক্ট ধরিয়ে দিল। একটা নোটবুক কিনে বলল-আব্বা, আপনার জীবনী লেখেন।

ভয়ংকর উৎসাহ-উদ্দীপনায় কাজ শুরু হলো। লেখায় হাত দিলেন। মানুষজনকে ফোন করে হারিয়ে যাওয়া কিছু তথ্য জোগাড় করলেন। দেশে ফিরে গিয়ে সেই নোটবুক একদিন ছাপা বইয়ে পরিণত হলো। তিনি বই বিলি করা শুরু করলেন। নাম লিখে দেওয়া, মাঝে মাঝে জোরপূর্বক বই পড়ানো, বই নিয়ে আলোচনা- সমালোচনার আত্মতৃপ্তি; সে এক অদ্ভুত আনন্দময় সময়। আমি প্রথম বইয়ের পাতা ওল্টাতেই দেখলাম দাম লেখা। দাম দিয়ে বেশ কয়েকটা বই কিনে নিলাম।

সেই বই আমার পড়া হয়নি। আমি পাতা ওল্টাইনি আর। অপূর্ণ অসমাপ্ত জীবন জীবন বেঁচে থাকার মূলমন্ত্র। বেঁচে থাকার তৃপ্তি সেখানে। থাক কিছু অজানা। বইয়ের কপিগুলো আছে ঘরে পড়ে। থাক পড়ে। ওই বইয়ে সব সময়ই আমার জন্য নতুন কিছু থাকবে, বাবার না জানা কথা; অনুভূতি।

অনেক বড় পাওয়া

২০১৭ সাল। বাবা বেশ অসুস্থ, পারকিনসন। এখান থেকে শরীর আর কখনোই ভালোর দিকে যাবে না, যায়নি আর। লোন্দা তাঁর গ্রাম, এখান থেকেই তাঁর যাত্রা শুরু। আশি বছর পার করে এই মানুষটা কী পরিমাণ পরিশ্রম আর ভালোবাসা দিয়ে তাঁর ছয় ছেলেমেয়েকে বড় করেছেন সেটা শুধু মা আর ভাই-বোনদের জানা।

লোন্দায় ফিরে যাওয়ার ইচ্ছা বাবার সব সময়। পারকিনসনের এই অবস্থায়ও যেতে চাচ্ছেন। তাঁকে নিয়ে যাওয়ার সাহস আমাদের হচ্ছিল না। আমি ভাইয়াকে (বড় ভাই) বললাম, যত কষ্টই হোক চলেন নিয়ে যাই। তখন পদ্মা সেতু নেই। এই নদী ফেরিতে পার হতে হয়। এরপর আছে আমাদের ফেরি পারাবারের নদী। দক্ষিণাঞ্চল মানেই নদী আর নদী। যেতে সময় লাগবে কমপক্ষে তের ঘণ্টা। বাবার শরীরের ওপর দিয়ে যাবে বড় ধাক্কা। একটা মাইক্রোবাস ভাড়া করলাম, সঙ্গে একটা অ্যাম্বুল্যান্স। পথ ভেঙে ভেঙে আগানোর ইচ্ছা।

এখনো স্পষ্ট চোখের সামনে ভাসে দিনটার কথা। কত পরিকল্পনা, ভোর হতেই ঘর ছেড়ে বাবাকে বের করে অ্যাম্বুল্যান্সে নেওয়া।

পথের কাহিনি অনেক, ফেরি আর ঝাঁকুনি খেতে খেতে দুপুর পার হলো। বরিশাল শহরে একটু থেমে আবার যাত্রা। যখন গ্রামে এসে পৌঁছালাম তখন প্রায় মাঝরাত। সে কী আনন্দ তাঁর চোখে-মুখে। কে বলবে শারীরিকভাবে এতটা দুর্বল এই মানুষটা ঢাকা থেকে দক্ষিণের লম্বা এক পথ পাড়ি দিয়ে এসেছেন। এরই নাম বোধহয় শেকড়, শেকড়ের টান। আনন্দ তাঁর হওয়ারই কথা, তিনি ফিরে গেছেন তাঁর গ্রামে।

তাঁর ছেলেবেলা, বহু বহু বছর আগে হারিয়ে যাওয়া মা-বাবা, নেবাই (বড় ভাই) সবাই নিঃশব্দে ঘুমে, তবুও তো এই তাঁর গ্রাম।

আমার জন্য বাবাকে নিয়ে গ্রামে যাওয়াটা ছিল অনেক বড় পাওয়া। আমার অহংকার, সেদিনের সেই সাহস আমার ভেতরে এসেছিল। প্রায় অসম্ভবকে সম্ভব করা গেছে। তারপর কিছুদিন গ্রামে থাকা। কী মমতা নিয়ে চারপাশ থেকে বাবাকে দেখতে মানুষ আসে। যারা আসে তাদের বেশির ভাগেরই আর্থিক অবস্থা ভালো নয়। দরিদ্রতা এখানে প্রতিদিনের ছায়া। তারপরও কেউ গাছপাকা কলা, ক্ষেতের সবজি, গোয়ালের গরুর দুধ, পুকুরের মাছ আর কত কিছু নিয়ে হাজির।

বাবার অনেক গল্পের একটা ছোট গল্প বলি। উনি তখন অনেক ছোট, ম্যাট্রিক পাস করেননি। জীবনের কারণে অন্যের বাড়িতে লজিং মাস্টার থেকে বাড়ির ছোট ছোট ছেলেমেয়েদের পড়াতেন, বিনিময়ে থাকা-খাওয়া। এর পাশাপাশি তাঁকে সেই অজপাড়া গাঁয়ের বাড়ির মসজিদে আজান দিতে হতো। আমাদের দেশের গ্রামের মানুষ মৃত্যুকে যেমন ভয় পায়, তার চেয়ে অনেক বেশি মৃত মানুষকে ভালোবাসে। আর সেই ভালোবাসা থেকেই অনেকের কবর হয় ঘরের আশপাশে। মসজিদের পাশেই কবরস্থান। বাবার বয়স কম। ভোররাতের আঁধারে একা ঘুম থেকে জেগে ফজরের আজান দিতে গেলে তাঁর ভয় লাগতো। সেই ভয়ের মধ্যেই বাড়ির লজিং মাস্টার আজান দিতেন। বাবাও এখন শুয়ে আছেন তাঁর বানানো ছোট এক মসজিদের পাশে, তারপর মাও গেছেন। সঙ্গে গেছে আমাদের ছোট ইমু, বড় ভাইয়ের ছেলে। বাবার কাছেই ঘুমিয়ে আছেন তাঁর মা-বাবা, তাঁর নেবাই (বড় ভাই)।

জীবনের চক্র তিনি শেষ করেছেন। আশি বছরে তাঁর নিঃশ্বাসে জমেছে অনেক গল্প। সব গল্প আমাদের জানা হয়নি। জীবন রহস্যময়, রহস্য জানার ক্ষমতা আমাদের দেওয়া হয়নি। এরই মাঝে চোখ কেন ভিজে ওঠে সেও এক রহস্য!

২০১৭ সাল। বাবার লোন্দায় ফিরে যাওয়া।

সংশপ্তক—মানে জয় অনিশ্চিত জেনেও তুমি আমরণ লড়বে। পারকিনসন অসুখটাও তাই। এটা মূলত নার্ভ সিস্টেমকে অচল করে দেয়। ধীরে ধীরে শরীরের অনেক অংশের নিয়ন্ত্রণ চলে যায় পারকিনসনের হাতে।

বাবার পারকিনসন বেশ কয়েক বছর আগ থেকেই। শেষের দিকে, মূলত শেষ কটা মাস, উনি ছিলেন অন্য জগতের বাসিন্দা। বাক্‌শক্তি, মেমোরি, ন্যাচারাল ফিডিং সবই বন্ধ। সবার মধ্যে থেকেও বাবার চারপাশ ছিল অপরিচিত। মাঝে মাঝে চারপাশের জগতে ফিরে আসতেন। মাঝে মাঝে অস্পষ্ট দু-একটা নাম, ভেজা চোখ আর মুখের কিছু এক্সপ্রেশন। চারপাশের জগতের সঙ্গে যোগাযোগ বলতে এটুকুই। মা পাশে গেলেই অবাক চোখে তাকিয়ে থাকতেন তাঁর দিকে। অর্ধশতাব্দীর পরিচিত এই মায়া মুখ। কী অদ্ভুত, এই মহিলাও রাতের পর রাত না ঘুমিয়ে পার করে দিচ্ছেন তাঁর পাশে। সব কিছু নিজ হাতে যত্ন করে এগিয়ে দিচ্ছেন ক্লান্তিহীন। মেডিক্যাল সায়েন্সে বলা হয়, বেশি দিন না ঘুমিয়ে মানুষ থাকতে পারে না। অথচ এই মানুষটা, আমার মা সেই মেডিক্যাল সায়েন্সকে অগ্রাহ্য করে যাচ্ছেন দিনের পর দিন।

অনেক আগের কথা। বাবা মাঝে মাঝে মাকে বলতেন-“তুমি আমার আগে যাবা না।’ তাঁর হয়তো ভয় হতো, কে দেখবে তাঁকে। হয়তো শুধু মায়া থেকে বলা। চলে যাওয়া পর্যন্ত মা তাঁকে যত্নেই রেখেছেন। দেখে মাঝে মাঝে মনে হতো—এই লোকের মতো ভাগ্যবান আর কেউ নেই।

এক লম্বা লোক দাঁড়িয়ে আছে। ঢাকা এয়ারপোর্টের ইমিগ্রেশন পেরোলেই কাচের দেয়াল। ওপাশে সে এদিক-ওদিক হাঁটছে, খুঁজছে কাউকে। পাচ্ছে না। বেশ লম্বা, আরো মাথা উঁচু করার চেষ্টা করছে, আর একটু উঁচু করলেই হয়তো খুঁজে পাওয়া যাবে। ঘণ্টা তিনেক ধরেই হয়তো তাই করছেন।

ইমিগ্রেশনের লাইনে দাঁড়িয়ে আমি দেখছি। যখন চোখে চোখ পড়ল, সে কী এক উৎফুল্লের হাসি। মনে হচ্ছে, চব্বিশ ঘণ্টা পানি না খেয়ে ছিলেন, এইমাত্র ফ্রিজের ঠাণ্ডা পানি তাঁর গলা দিয়ে নেমে গেছে।

প্লেনে ঢাকা আসতে আমার প্রায় চব্বিশ ঘণ্টা লেগে যায়। এই চব্বিশ ঘন্টাই উনি টেনশন করেন। টেনশন নিয়ে কোনো পরীক্ষা থাকলে উনি সেই পরীক্ষায় প্রথম হতেন। এখনকার ফ্লাইটগুলো অনলাইনে ট্র্যাক করা যায়, লাইভ লোকেশন দেখা যায়। তাঁকে বারবার বলা হতো, এয়ারপোর্টে আসার আগে অবশ্যই ইন্টারনেটে ফ্লাইট স্ট্যাটাস দেখে বের হবেন, ফ্লাইট দেরি হতেই পারে। উনি তা করতেন না, ঘণ্টা দু-তিন আগেই এসে হাজির। টেনশনের শেষটুকু হাঁটাহাঁটি করে পার করবেন, এতেই তাঁর আনন্দ।

দুবছর আগের কথা। এবার তাঁকে নিয়ে লোন্দা গেলাম। সঙ্গে অ্যাম্বুল্যান্স নিতে হয়েছে, শরীর বেশ খারাপের দিকে।

ঢাকা ছেড়ে চলে আসব। ভোরে আমার ফ্লাইট। মশারির ভেতর বাবা শুয়ে আছেন। আগে থেকেই কড়া করে বলে দিয়েছি—আমি যাওয়ার সময় কোনো রকম মন খারাপ

মেঘেরও শেষ আছে
মেঘ কেটে সূর্য আসবেই
অপেক্ষার প্রহর বেশি হলেই সূর্য যাবে ডুবে
হয়তো অমাবস্যা ভেবে

করবেন না। কোনো রকম কান্নাকাটি দেখতে চাই না, এতে আমার সমস্যা হয়। মশারির ভেতর ঢুকে বাবাকে শক্ত করে জড়িয়ে শুয়ে ছিলাম কিছুক্ষণ, বালিশে উপুড় হয়ে মুখ চাপা আমার। উনি টের পেয়ে গেছেন। নিচু গলায় বললেন— 'আমারে কানতে মানা করছ, এহন তুমি কান্দো কেন?' একই সঙ্গে দুজনের চোখেই কী যেন একটা হয়েছে।

দিন, মাস পার হয়ে আবার কেটে গেছে বছর। ২৯ ডিসেম্বর ২০১৮। এবার বাবাকে পেছনে ফেলে ফিরে আসার আর ভয় নেই, আমি অলৌকিক কোনো কিছুতে বিশ্বাস করি না। পারকিনসন তাঁকে শেষ পর্যায়ে নিয়ে এসেছে। জানি, এটাই শেষ। উনার যাওয়ার সময় হয়ে গেছে, তাঁকে যেতে হবে। এবারে তাঁকে পেছনে ফেলে আসার সমস্যা অন্য জায়গায়। এই ঘর ছেড়ে আমি কিভাবে বের হব। ঘরভর্তি মানুষ। এদের কারো সঙ্গেই আমার কথা বলতে ইচ্ছে করছে না। দরজা খুলে কোনো মতে গাড়িতে গিয়ে বসতে পারলে হয়।

হুইলচেয়ারে পেছন ফিরে বাবা বসা। পারিপার্শ্বিকতার সঙ্গে সংযোগ নেই, পারকিনসনে তিনি এখন অন্য এক জগতের বাসিন্দা। সে জগৎ সম্পর্কে আমাদের কোনো ধারণা নেই। মেজো ভাই, ভাইজান বাবার হাত ধরে দাঁড়িয়ে আছেন। ঘর ছাড়ার আগে, বাবাকে সামনে থেকে দেখার সাহস আমার হয়নি। জানি না, আমার যাওয়ার সময়টা উনি বুঝতে পেরেছিলেন কি না। আমি তাঁর মুখখানা দেখিনি। হুইলচেয়ারের পেছন থেকে মাথায় চুমু দিয়ে দৌড়ে বের হয়ে যাওয়া। জানি না, পেছন থেকে আমার শেষ স্পর্শ তিনি বুঝতে পেরেছিলেন কি না, তাঁর আদরের ছোট ছেলে তাঁকে ফেলে যাচ্ছে।

বাসা থেকে এয়ারপোর্ট পনের মিনিটের পথ। আমার স্ত্রী

শারমীন আছে আমার সঙ্গে, ড্রাইভার গাড়ি চালাচ্ছে। কী অদ্ভুত, লম্বা একজন লোক চুপচাপ গাড়ির পেছনে বসে আছে। কোনো কথা বলছে না। গাড়ি চলছে এয়ারপোর্টের দিকে।

পেছনে বসে থাকা সেই লম্বা লোকটাকে লোক বলা ঠিক হবে না। অল্পবয়সী এক ছেলে। বিদেশ থেকে দেশে ফিরলে এখন সে এয়ারপোর্টে এসে দাঁড়িয়ে থাকে। জীবন রহস্যময়। আমার বড় বোনের ছেলে, আবীর। আমার এই ভাগ্নেটা লম্বায় ছয় ফুট পার হয়ে গেছে অনেক আগে। এখনো তার জন্য জুতা কিনে আনলে পায়ের এক সাইজ বাড়িয়ে আনতে হয়।

৪০

ডা. মহিউদ্দীন
ডা. মৃদুল
ডা. মাহফুজ

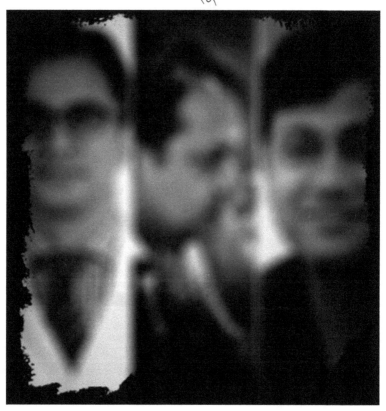

দুপুরের পরেই ফিজিসিয়ানদের একটা দল নিয়ে ডা. মহিউদ্দীনের রুমে ঢুকলেন।

আজ সকালেই আমি দেশে এসেছি, দাঁড়িয়ে আছি বাবার বেডের পাশে। তাঁর রেসপন্স ভালো না, চারপাশ অচেনা, কথা বলাও বন্ধ। ডাক্তার বেশ উঁচু গলায় আমাকে দেখিয়ে জিজ্ঞাসা করলেন—উনি কে? উনাকে চিনতে পারছেন?' মুখে কোনো শব্দ নেই, শুধু ঠোঁট নাড়িয়ে উনিও যেন উঁচু গলায় উত্তর দিলেন—ছোট ছেলে।

শব্দহীন বাক্য এত সুন্দর হয়! আচ্ছা বাবা কী ভাবছেন? ছোট ছেলে চলে এসেছে, আর চিন্তা নেই, সব ঠিক হয়ে যাবে। পারকিনসন অসুখটা ধীরে ধীরে তাঁকে নিয়ে যাবে চেনাজানা জগতের শেষ বিন্দুতে। এখান থেকে পিছু ফেরার কোনো পথ কারো জানা নেই।

ঢাকায় চিকিৎসা ব্যবস্থা ভালো না—এ অভিযোগ অনেকেরই। বাবার ক্ষেত্রে কিন্তু তা হয়নি। শ্যামলীর স্পেশালাইজড হসপিটালের চিকিৎসা ভালো ছিল, বেশ ভালো। প্রয়োজনের কম বা বেশি কোনো চিকিৎসা তারা করেনি। ডা. মহিউদ্দীন মধ্যবয়সী, অভিজ্ঞ ডাক্তার। আব্বা যেদিন ভর্তি হন, উনি আব্বাকে জিজ্ঞাসা করলেন—আপনার কয় ছেলেমেয়ে? মুখের কিছুটা এক্সপ্রেশন আর পাশ থেকে ডাক্তারকে জানানো হলো—ছয়জন।

ডাক্তার বললেন—না, আপনার ছয় ছেলেমেয়ে না, আপনার সাতজন জন। আমি আপনার এক ছেলে।

শুরু থেকে শেষ পর্যন্ত ডা. মহিউদ্দীন বাবার পাশে ছিলেন। চিকিৎসার বাইরে একদিন একটা মানবিক প্রশ্ন ডা. মহিউদ্দিনকে করেছিলাম।

-স্যার, আমার বাবা তো বেশিদিন থাকবেন না। উনার শেষ ইচ্ছা ছিল সব ছেলেমেয়েকে নিয়ে একবার লোন্দা গ্রামে যাবেন।

সেই কবে ছোটবেলায় সবাই একসঙ্গে গিয়েছিলাম, তারপর আর যাওয়া হয়নি। আমরা সবাই এসেছি এবার। বাবা এতটা অসুস্থ হয়ে পড়বেন জানা ছিল না। সবার একসঙ্গে আসার পরিকল্পনা বাবাকে নিয়ে লোন্দা যাওয়ার জন্যই। এখন অবস্থা বেশ খারাপের দিকে। ডাক্তারকে জিজ্ঞাসা করলাম, সঙ্গে মেডিক্যাল সাপোর্ট নিয়ে তাঁকে নিয়ে লোন্দা যাওয়া যায় কি না। ডাক্তার নিষেধ করলেন। তাঁর কথাও ফেলা যাবে না। শত হোক, উনিও তখন বাবার এক ছেলে। একজন ডাক্তার তীক্ষ্ণভাবে তাকিয়ে থাকে তাঁর রোগীর রোগের দিকে, রোগীর ইচ্ছার দিকে নয়।

চিকিৎসা প্রসঙ্গে আরো দুজনের নাম বাবার স্মৃতির সঙ্গে থাকবে পাশে। এদের একজন ডা. মৃদুল, আমার বন্ধু। ছুটে এসেছেন সব সময়। অন্যজন ডা. মাহফুজ। প্রথমে অপরিচিত একজন মানুষ, এখন আমাদেরই ঘরের একজন। ছুটে এসেছেন আমাদের ডাকে, জাদু দেখিয়ে গেছেন। ছুটির দিনে খুব ভোরে ঘুমকে পিছু ফেলে ছুটে আসতেন শুধু এটুকু জেনে, একদিন সবাই আমরা বৃদ্ধ হব, আমাদেরও সময় আসবে। কী অদ্ভুত ডাক্তার, তাই না? নাকি অদ্ভুত কিছু মানুষ।

রাতে আমার ফোন সাইলেন্ট থাকে, সব নোটিফিকেশন বন্ধ। নির্বিঘ্নে ঘুমানোর জন্যই এই ব্যবস্থা। আইফোনে 'ডু নট ডিস্টার্ব' নোটিফিকেশন সেদিন অন।

ঠিক অন্য যেকোনো রাতের মতো, সারা রাত লম্বা ঘুমের পর সেদিনও ঘুম ভাঙল সকালের অ্যালার্ম ক্লকে। ফোন হাতে নিয়ে দেখি মেজো বোন, আপামণির অনেক মিসড কল মাঝরাত থেকে। আমি জানি, এ সময়ে আর যেই ফোন করুক আপামণি ভুলেও ফোন করবে না, সে আমার রুটিন জানে। মিসড কল দেখেই বুঝলাম কোনো খারাপ খবর, বাবা হয়তো নেই। এই ভয় সব সময়ই কাজ করত ভেতরে।

গত রাতেই বাবা চলে গেছেন, আমি ঘুমে ছিলাম। এখন সকাল। বাইরে তুষারপাত হচ্ছে। আপামণির কাছে যাওয়া দরকার। আমরা দুজনই ঘণ্টা আড়াই দূরত্বে থাকি। পৃথিবীতে হাতে গোনা যে কজনের সঙ্গে আমি খারাপ ব্যবহার করি, তার লিস্টে আপামণি আছে।

আজ তুষার পড়ছে। একটু সময় বেশি লাগবে, কিন্তু চলে যাওয়া যাবে ওর ওখানে। আমার গাড়িটা তুষারে চালানোর জন্য সুবিধার নয়। একটা বড় গাড়ি ভাড়া করে রওনা দিলাম কানেক্টিকাট থেকে নিউ জার্সির পথে। আমি মন শক্ত রেখেই সাবধানে গাড়ি চালাচ্ছি, হাইওয়ে ফাঁকা। আমার স্ত্রী শারমীন চুপচাপ বসে আছে পাশের সিটে। স্মৃতির সব কিছু যেন একসঙ্গে মস্তিষ্ক প্রসেস করার চেষ্টা করছে। ফাঁকা হাইওয়েতে হালকা বাতাসে তুষারগুলো দুলছে।

আট হাজার মাইল দূরে, আমার বাবাও রওনা দিয়েছেন লোন্দার পথে। টেলিফোনে আপডেট পাচ্ছি, মাওয়া ফেরিঘাট পার হয়ে বরিশালের হাইওয়েতে তাঁর গাড়িটা। আমিও যাচ্ছি বাবার সঙ্গে একটু ভিন্ন পথে। পথে তুষারগুলো জমাট বাঁধতে শুরু করেছে, সাদা চাদরে ঢাকা পড়ছে সব। হিমশীতল গাড়ির ভেতর বাবাও সাদা কাপড়ে। আচ্ছা আমার বাবার ঠাণ্ডা লাগছে না তো?

আমার সামনে তুষারঢাকা পথ, আপামণির কাছে যেতে একটু দেরি হয়ে যাবে। হোক দেরি। সাবধান! খুব সাবধানে গাড়ি চালাতে হবে। ফোন করলেই উনি বলতেন—'বাবা, গাড়ি-ঘোড়া সাবধানে চালাবা সব সময়।'

কী নাম তোমার?
–আগা
–ও আগা, গোড়া কৈ? গোড়া আসে নাই।

বুয়েটের এক বড় ভাই প্রথম আমাদের বাসায় ঢোকার পর বাবার সঙ্গে তাঁর কথোপকথন। আগা ভাই প্রথমে একটু হেঁচকি খেলেও সঙ্গে সঙ্গে বুঝলেন, উনি মস্করা করছেন।

এখন বাবা শুয়ে আছেন লোন্দা গ্রামের সিকদারবাড়ির মসজিদের পূর্ব দিকের বারান্দায়। সামনেই লোন্দার খাল, মাঝে সরু পথ গেছে নয়াবাড়ির দিকে। পথ খালি, সবাই এখন মসজিদের ভেতর। নিজ থেকে উনি আর জায়গা বদল করতে পারবেন না, সাহায্য লাগবে। নামাজের পরই হবে শেষ জায়গা বদল, জায়গা তৈরি করা আছে, ছোট ছোট বাঁশ কেটে পাশে রাখা আছে। বাবার যাওয়ার সময় হয়ে এসেছে। ভাইয়া আর মেজো ভাইজান এই দুজন তাঁকে ধরে নামবে। আমি আছি আর হাজার মাইল দূরে।

আবীর, আমার ভাগ্নে ফোনে ভিডিও কল ধরে আছে, দূর থেকে আমি দেখছি। আমার হাতে আইফোন, লেটেস্ট মডেলের সবচেয়ে বড় ফোন। বাবা তো ফোনের নামধাম এত কিছু কখনোই বুঝতেন না। নতুন ফোন কিনে তাঁকে বলতাম-সবচেয়ে দামি ফোনটা কিনেছি। উনি হাসতেন।

ভিডিও কলটা স্পষ্ট, আবীরের হাত হয়তো কাঁপছে, অথবা আশপাশ থেকে কেউ ধাক্কা দিচ্ছে। সবার মনোযোগ এখন একদিকে, মানুষটা চলে যাচ্ছে। আমি তাকিয়ে দেখছি, ভাইয়া, ভাইজান তাঁকে নামিয়ে দিয়ে উঠে এসেছে। কারা

যেন একের পর এক বাঁশগুলো দিয়ে তাঁকে ঢেকে দিচ্ছে। লোন্দায় ভরদুপুর, চারদিকে ঝলমলে রোদ। আলো কমে আসছে কেন? কী অদ্ভুত, গ্রামের মানুষগুলোর এত তাড়া কিসের? একটু ধীরে ধীরে বাঁশগুলো বিছালে কী হয়? আরো কিছুক্ষণ রোদ পড়ুক না তাঁর গায়ে।

আট হাজার মাইল দূরে নিউ জার্সির লিভিং রুম। আমার পাশেই জ্ঞান হারিয়ে পড়ে আছে আপামণি। থাকুক পড়ে, সেই ভালো। মানুষের জ্ঞান কিছু কিছু সময়ে না থাকাই ভালো। কিছু মুহূর্ত না দেখাই ভালো।

এর ঘণ্টা দুয়েক আগের কথা। বাবা চোখ বন্ধ করেছেন চব্বিশ ঘণ্টা পার হয়ে গেছে। ঢাকা থেকে তাঁকে নিয়ে আসা হয়েছে লোন্দায়। বাবার গ্রাম। তাঁর ছোটবেলা, তাঁর মা-বাবা আর বড় ভাই নেবাই সবাই আছেন এখানে। বাবা ঘুমিয়ে পড়ার পর এখনো তাঁকে দেখা হয়নি। সবাই দেখেছে, আমি বাকি। মনে মনে ভাবছি, থাক স্মৃতিগুলো সব জীবন্ত, দেখার কী প্রয়োজন। আবার একটু পরে চাইলেও আর দেখা হবে না। তাঁকে রেখে আসা হবে সাড়ে তিন হাত ঘরে। জানালাহীন ঘর, এখানে চাইলেও উঁকি দিয়ে আর দেখা যাবে না তাঁকে। নিজের মধ্যে একধরনের যুদ্ধ চলছে-দেখব, নাকি থাকবে বাবার স্মৃতিগুলো জীবন্ত। শেষে না পেরে ভাইয়াকে জিজ্ঞাসা করলাম-আমি কী করব?

ভাইয়া বললেন, আমি চাই তুমি দেখো, আমি ফোনে ভিডিও কল দিচ্ছি।

লোন্দা গ্রামের সিকদারবাড়ির উঠানে হিমশীতল গাড়ি। বাবা শুয়ে আছেন সেখানে। ছোট একটা জানালা দিয়ে দেখা যাচ্ছে তাঁকে, মনে হয় ডাকলেই তাকাবেন। সময় খুব অল্প।

আমার হাতে ফোন, এর মধ্যে আবার ভাগ বসাল আপামণি। ফোনের স্ক্রিনে একের পর এক চুমু দিয়ে যাচ্ছে, আমি আর ঠিকমতো দেখতে পারছি না। একটা স্ক্রিনশট কী নিয়ে রাখব? সঙ্গে সঙ্গেই মনে হলো, না থাক। বাবা তাঁর জীবনের সব হার্ডলস পার করে এসেছেন। কখনো থামেননি। এখন শেষটা পার হবেন অন্যের সাহায্যে, এটা খুব সহজ। তাঁর জীবনের বয়ে নেওয়া মশালটা এখন তিনি তাঁর সন্তানদের কাছে রেখে যাবেন। তাঁর জীবনের শেষ পৃষ্ঠা এখানে। তাঁর বই বন্ধ হচ্ছে, আমরা সবাই ধরে ধরে সেই বই বন্ধ করে দিচ্ছি জানালাহীন এক ঘরে।

সিকান্দারবাড়ির মসজিদের সামনে বাবা। ডান পাশটাতেই পারিবারিক কবরস্থান।

সিকদারবাড়ির উঠানে অ্যাম্বুল্যান্স, সেখানে শুয়ে আছেন আমার বাবা। মা ঘর ছেড়ে উঠানে নামলেন। অ্যাম্বুল্যান্সে কাচের ছোট জানালা, বাবার মুখ দেখা যাচ্ছে। মেজো ভাইজান সঙ্গে আছেন, জানালার কাছে এসে মা সৃষ্টিকর্তার কাছে দুহাত তুললেন। এই মানুষটার সঙ্গে তাঁর অর্ধশতাব্দীর সংসার। পরম মমতায় এই মানুষটার পাশে ছিলেন তিনি। রাতের পর রাত না ঘুমিয়ে সেবা করেছেন। এখন তাঁর কাজ শেষ। যে মানুষটার সঙ্গে এত বছরের সংসার একটু পরেই তাঁর যাত্রা শুরু হবে অনন্ত অসীমে। প্রস্তুতি চলছে।

মাস দুয়েক আগের কথা। বাবা তখন হাসপাতালে। রাতে হাসপাতালে বাবার পাশে থাকতেন ভাইয়া, লাবু দাদা, মেসের ভাই। লাবু দাদা, মেসের ভাই লোন্দা গ্রামের মানুষ। বাবার পাশেই ছিলেন শেষটায়। মা থাকতে চাইলেও তাঁকে রাখা হতো না হাসপাতালে। হাসপাতাল থেকে মা ফিরে আসতে চাইতেন না। আমি কেবিনের এক কোণে দাঁড়িয়ে মনোযোগ দিয়ে দেখতাম অনুভূতিগুলো। আমরা ছয় ভাই-বোন। মা সবার নাম ধরে ধরে বাবাকে আদর করে দিতেন। নামগুলো হয়তো অজুহাত, এই মানুষটাকে ছেড়ে যেতে তাঁর ইচ্ছা করে না। বারবার অজুহাতে ছুঁয়ে দেখার ইচ্ছা। বাবার যত্নে তিনি অন্যের ওপর কখনোই ভরসা করতে পারতেন না।

উঠান পেরিয়ে একটু সামনে গেলেই ডান পাশে মসজিদ, বাঁ পাশটায় কবরস্থান। কয়েক বছর ধরে বাবাই এগুলো তৈরি করে গেছেন। তিনি যাওয়ার প্রস্তুতি নিয়েছেন। বাড়ির কবরস্থান আর ঘরের মাঝে একটা ছোট্ট পুকুর। পুকুর ঘিরে গাছপালা। এই গাছপালার জন্যই ঘরের জানালা থেকে কবরস্থানটা ঠিকমতো দেখা যায় না। গাছপালার

ফাঁকফোকর দিয়ে এক-আধটু বোঝা যায়। মা জানালা ধরে দাঁড়িয়ে আছেন। অর্ধশতাব্দীর পরিচিত মানুষটা চলে যাচ্ছে, কিন্তু কাছে গিয়ে শেষ সময়টায় দাঁড়ানো যাবে না। গ্রামের নিয়মনীতি, কবর দেওয়ার সময় মহিলারা সেখানে থাকবে না। ওদিকটাতে মানুষজন ভিড় করে আছে। স্পষ্ট না হলেও বোঝা যায়, বাবাকে নিয়ে ওরা এগোচ্ছে। অনেক জানতে ইচ্ছে করে, মা কী ভাবছিলেন। কখনো তাঁকে জিজ্ঞাসা করিনি। আর করাও হবে না।

তারও বেশ কয়েক বছর আগের ঘটনা, এই লোন্দা গ্রামেই বাবার সঙ্গে আমি কথা বলছি সূর্যাস্তের সময়। সূর্য ডোবার সময় হয়ে গেছে। হঠাৎ বাবা বললেন—আমার তো বেলা শেষ হয়ে আসছে। সেই শেষ বেলা আজ উপস্থিত। সূর্যের শেষ আলো এসে পড়বে তাঁর গায়ে। প্রাণের রহস্য এই সূর্য থেকেই। আমরা সবাই এই সূর্য থেকে আসা ধূলিকণা, সময়ের সঙ্গে ভেসে বেড়াচ্ছি এদিক-ওদিকটায়। আট হাজার মাইল দূরে ফোনে ভিডিও কলে তাকিয়ে তাকিয়ে দেখছি আমি। লোন্দায় আজ ঝলমলে রোদ, আমার এখানে অন্ধকার রাত। সকাল হতে এখানে আর কয়েক ঘণ্টা বাকি। এখানেও রাত পোহাবে। এখানেও সূর্য উঠবে। প্রতিটা ঘরে আলো আসবে। কোথাও আলো এলে, কোথাও অন্ধকার হবেই।

আমাদের চাচাতো বোন পারুল। বাবার বড় ভাই নেবাইয়ের বড় মেয়ে, আমাদের চাচা মিয়া। পারুলের বয়স এখন ৬০ পেরিয়ে। গ্রামে ঘরের বেশির ভাগ কাজ সেই করে। ছোট-বড় সবাই পারুলকে 'তুই তুই' করে বলে। তাতে হয়তো পারুলের কোনো সমস্যা হয় না। কারণ পারুল জন্ম থেকে বোবা। কথাও বলে না, কানেও শোনে না।

চাচা মিয়া মারা গেছেন অনেক বছর আগে। সেখান থেকে পারুলের ভালো থাকার একমাত্র খুঁটি আমার বাবা। পারুলের গল্প অনেক লম্বা, সে অন্য কোনো সময়ের জন্য থাক।

১২ ফেব্রুয়ারি ২০১৯, লোন্দায় এখন সকাল। পারুল বাড়ির উঠান ঝাড়ু দিচ্ছে। এরই মধ্যে গ্রামে একটা খবর পৌঁছে গেছে, ভয়ংকর কোনো এক খারাপ খবর। পারুল কিছু শুনছে না, কিছু বলতেও পারছে না। পৃথিবীতে শব্দহীন কিছু ভাষা থাকে। পারুল বুঝে গেছে তাঁর বৃক্ষের ছায়া সরে গেছে। জ্ঞান হারিয়ে উঠানে পারুল পড়ে আছে অচেতন, একজন ডাক্তার দরকার। গাড়ি ভাড়া করে পারুলকে নিয়ে যাওয়া হচ্ছে শহরে। পারুলের এই প্রথম শহর যাত্রা। ১২ ফেব্রুয়ারি সকালে ঢাকায় বাবা শেষ নিঃশ্বাস নেন।

আমাদের বড় ভাই, ভাইয়া। পারুলের বৃক্ষ এখন সে।

পারুল, আমাদের এক বোনের নাম

অনেক বছর আগে বাংলাদেশে বিডিআর আর সেনাবাহিনীর এক গণ্ডগোলে লাবু দাদার চাকরি চলে যায়। তিনি বিডিআরে চাকরি করতেন। চাকরির সব সুযোগ-সুবিধা থেকে বঞ্চিত হয়ে গ্রামেই পড়ে থাকতেন। কোনো কাজ নেই। ঢাকায় তখন বাবা অসুস্থ। তাঁকে দেখার জন্য শক্তসমর্থ একজন মানুষ দরকার। ভাইয়া লাবু দাদাকে ডাকলেন, গ্রামে ছোট দুটো বাচ্চা আর স্ত্রীকে রেখে তিনি চলে এলেন ঢাকায়।

মাঝে মাঝে মনে হয়, ছেলে হয়ে দূর থেকে বাবার জন্য যা করতে পারিনি, এই লোকটা হয়তো তা করেছেন। ২০১৭ সালে আমি হাত জোর করে তাঁকে বলেছিলাম-দাদা, বাবা যত দিন থাকেন আপনি তাঁর সঙ্গে থাকেন। বাবা যখন থাকবেন না, আমি থাকব আপনার সঙ্গে। উনি থাকলেন, দীর্ঘ দুবছরেরও বেশি সময় ছিলেন বাবার চলে যাওয়া পর্যন্ত।

বাবা যাওয়ার পর লাবু দাদা ফিরে গেলেন লোন্দায় তাঁর ঘরে। এরপর মা বেশ কয়েকবার ঢাকা থেকে লোন্দা গেছেন। বাবার কবরের কাছে দাঁড়িয়ে মায়ের চোখ ভিজে যায়। মায়ের পাশে দাঁড়িয়ে লাবু দাদা বলেছিলেন-আম্মা, আপনি চিন্তা করেন কেন, দুলামিয়ার পাশে তো আমি আছিই। মা কোথাও এক স্বস্তি নিয়ে ঢাকা ফিরে আসতেন, লাবু তো আছেই পাশে। লাবু দাদাও মাকে 'আম্মা' বলে ডাকতেন, বাবাকে ডাকতেন 'দুলামিয়া'। লোন্দা গ্রামের ডাকগুলো অদ্ভুত।

এর দুমাস পরের ঘটনা। আট হাজার মাইল দূরে যুক্তরাষ্ট্রের কানেক্টিকাটে তখন সকাল, ঘুম ভাঙার সঙ্গে সঙ্গেই আমি ফোনের দিকে তাকাই। মেসেজগুলো দেখি।

একটি মেসেজ এসেছে বড় ভাইয়ার কাছ থেকে। মেসেজে লিখেছেন—আমি লোন্দা যাচ্ছি। আমাদের লাবুদাদা নাই।

তাঁকে বলেছিলাম, বাবা যাওয়ার পর আমি থাকবো আপনার সঙ্গে। কিছুটা আর্থিক সাহায্য তাঁকে করেছিলাম। তিনি ঘরের পাশে নতুন পুকুর খননের কাজ শুরু করলেন। অনেকটা মাটি কাটার পরিশ্রম, তারপর একটু বুকে ব্যথা, তার একটু পরেই ঘুমিয়ে পড়া; যে ঘুম ভাঙে না মানুষের।

লাবুদাদা হয়তো কোথাও বাবার যত্ন নিচ্ছেন, হয়তো বাবাও লাবুদাদার যত্ন নিচ্ছে। পাশাপাশি তাঁরা ঘুমোচ্ছেন লোন্দা গ্রামে।

লোন্দা গ্রামে বাবার সাথে লাবু দাদা

সে আগেই চলে গেছে

বেশির ভাগ মানুষের শেষ ইচ্ছা পূরণ হয় না। এর মূল কারণ মানুষ সব সময়ই মুঠোর মধ্যে রাখে একটা আশা। একটা পূরণ হলেই ধরে ফেলে আরেকটা। চলে যাওয়ার সময় তাই অপূর্ণ থেকে যায় কোনো না কোনো আশা। আমার বাবার ক্ষেত্রেও তাই হয়েছে।

লোন্দায় ছোট ছোট কাজগুলো তাঁর শেষ। ছেলেমেয়েরা সব বড় হয়েছে। যে যার যার সংসারে। লোন্দায় বাবা একটা ছোট ঘর তুললেন, মাকে বললেন—তুমি আর আমি এইখানে আইসা থাকব। তাঁর ইচ্ছা ছিল একবার সব ছেলেমেয়েকে একসঙ্গে নিয়ে লোন্দায় যাবেন। অনেক বছর পার হয়ে গেছে, সবাই একসঙ্গে লোন্দা যাওয়া হয়নি।

বাবার ইচ্ছা অনুযায়ী সব ভাই-বোন পরিকল্পনা শেষ করল। ২০১৮ সালের ডিসেম্বর, আমরা সবাই যাচ্ছি। ছয় ছেলেমেয়ের চারজন বিদেশে থাকে। এত নিখুঁত প্ল্যান, সবাই একসঙ্গে ঢাকায় উপস্থিত। ঢাকা থেকে মাত্র ২০০ মাইল দূরে লোন্দায় যাওয়ার সাহস সেদিন আমাদের হয়নি। পার্কিনসন বাবাকে নিয়ে গেছে শেষ অবস্থায়।

বছর না ঘুরতেই ২০১৯ ডিসেম্বরে ছয় ভাই-বোন আবার মনস্থির করলাম, আমরা সবাই লোন্দা যাবই। সেই এক বছর আগের একই পরিকল্পনা, শুধু একটু পরিবর্তন আনা হয়েছে। সবাই যাবে। শুধু একজনকে নেওয়া যাবে না, সে আগেই চলে গেছে।

২০১৯-এর ফেব্রুয়ারিতে বাবা চলে গেছেন।

৫৫

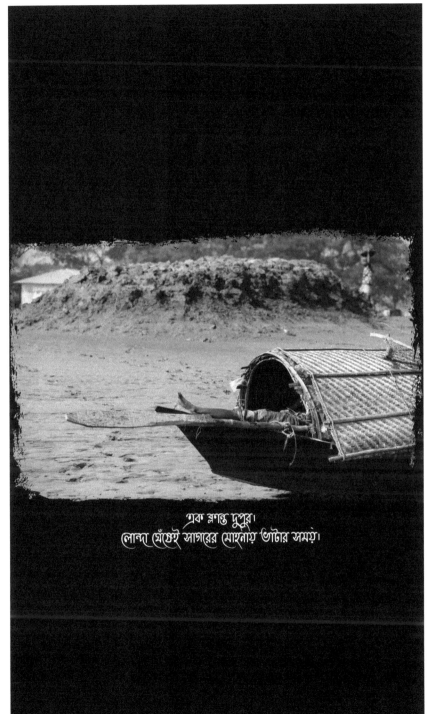

এক ক্লান্ত দুপুর।
লোন্দা ঘেঁষেই সাগরের মোহনায় ভাটার সময়।

একটা হিসাব আমি কখনো মেলাতে পারি না। ভাগ্য বলে আসলেই কি কিছু আছে? একটা লোকের ভাগ্য এতখানি ভালো হয় কিভাবে? প্রচণ্ড সুখী মানুষ তিনি। চারপাশের প্রতিটা প্রাণীর মায়া-মমতা তাঁকে ঘিরে। আজ সে যত দূরেই থাকুক, যেখানেই থাকুক, যার সঙ্গেই নতুন আলাপ জুড়ে দিক না কেন; সে কখনোই বলতে পারবে না—জীবনের এপাশে তাঁর জন্য ভালোবাসার অভাব ছিল।

মা-বাবা সব সময় বড় ভাই, ভাইয়ার সঙ্গেই ছিলেন। পাশেই ছিল বড় আপা, একই বাড়িতে। ভাইয়ার মূলত দুইটা ছেলে, এক ছেলে ইমু, অন্যজন বাবা। আমার নিজের চোখে দেখা, এই লোককে ভাইয়া কোলে-কোলে করে রেখেছে বছরের পর বছর। বাবা প্রায়ই বলতেন—মা-বাবার চেয়ে বড় বন্ধু দুনিয়াতে নেই।

আমাদের ঘরে আছেন ভাবি, তাঁকে নিয়ে ভিন্নভাবে একটু বলি। বাবা মাকে যা কিছু বলতে ভয় পেতেন সেটা তিনি ভাবিকে বলতেন, বললেই ম্যানেজ হয়ে যাবে।

আমাদের বাসায় ছোট একটা মেয়ে কাজ করত। ঢাকায় গিয়ে শুনি সে নাকি ভাবিকে মা বলে ডাকে, কারণ তার মা নেই। ঢাকা শহরে অনেক মা আছে। এই প্রথম আমার দেখা ভিন্ন এই মা। ঘরে কাজ করা সেই মেয়েটার বিয়ে হয়ে গেছে। একদিন বয়সের ভারে সেও হয়তো কুঁকড়ে পড়বে, স্মৃতিগুলো ঝাপসা হয়ে যাবে; মায়ের কথা ভাবলে হয়তো ভাবির মুখটা ভেসে উঠবে তার কাছে। মমতাময়ী এই মুখ আমার বাবার চারপাশ ঘিরে ছিল।

বাবা প্রায়ই বলতেন — মা-বাবার চেয়ে বড় বন্ধু দুনিয়াতে নেই ।
ভাইয়া বাবার যত্ন নিচ্ছেন। কোনো এক অজানা কারণে বাবা ছাড়া তাঁরও আর কোনো বন্ধু হয়নি।

আমি তখন ঢাকা পলাশীর কাছে ইঞ্জিনিয়ারিং ইউনিভার্সিটি স্কুলে টু- থ্রিতে পড়ি। বাবা চাকরি করেন ইউনিভার্সিটিতেই। সকালে আড়াই ঘণ্টার স্কুল শেষ বাবার অফিসে গিয়ে বসে থাকি। মেজো ভাই, ভাইজানের ছুটি হয় একটু দেরিতে। ভাইজানের ছুটি হলে সবাই একসঙ্গে বাসায় যাব। বাসা একটু দূরে আমলীগোলা বালুঘাট, হেঁটে গেলে ঘণ্টাখানেক লেগে যায়।

একদিন আমার ছুটির পর বাবার কাজ পড়ে গেল। তাঁকে হয়তো কোথাও যেতে হবে। আমাকে নিয়ে তিনি কী করবেন? এই বয়সের একটা ছেলেকে একা কিভাবে বাসায় পাঠাবেন। উপায় না দেখেই ঠিক করলেন একটা রিকশা ভাড়া করে রিকশাওয়ালাকে ঠিকমতো বাসার ঠিকানা বুঝিয়ে দেবেন।

স্কুলের পাশেই জগন্নাথ হল। সেখান থেকে পলাশীর দুপাশে শতাব্দী পুরনো উঁচু উঁচু গাছ। গাছের ছায়ায় বাবার হাত ধরে আমি হাঁটছি। বাবা রিকশা খুঁজছেন। মাঝামাঝি কিছুটা পথ এসেই রিকশা পাওয়া গেল। আমি উঠে সিটের মাঝখানে বসলাম, কাঁধে স্কুল ব্যাগ। পা ঝুলে আছে, দুহাত উঁচু করে রিকশার হুড ধরা শিখিয়ে দিলেন বাবা।

রিকশা চলা শুরু করেছে। আমি শক্ত করে রিকশার হুড ধরে বসে আছি। হুডের পেছন দিকটা কাটা। পেছন ফিরে দেখি, বাবা পকেট থেকে নোটবুক বের করে কিছু লিখছেন। রিকশার নম্বর লিখে রাখছেন। হয়তো ভয় কোনো বিপদের, এত ছোট ছেলে ঠিকমতো যেতে পারবে তো। রিকশার নম্বরটা থাকা ভালো, যদি কোনো অঘটন ঘটে।

রিকশা এগোচ্ছে, বাবা পেছনে পড়ে যাচ্ছেন, আমাদের দূরত্ব বাড়ছে।

মাঝে মাঝে মনে হয় আমি এখনো সেই রিকশার হুড ধরে বসে আছি। ঠিকমতো পৌঁছে যেতে পারব তো? কোথায় কতদূর যাব? সেই থেকে দূরত্ব বেড়েছে। আমিও চলতে চলতে জীবনের অনেকটা পথ এসে পড়েছি। পেছন ফিরে এখন আর বাবাকে দেখা যায় না। বাবা অনেক দূরে চলে গেছেন যেখান থেকে দূরত্ব অর্থহীন।

আমার মা। তাঁকে নিয়ে মাঝে মাঝে লিখব ভাবি। কিন্তু লেখার সাহস হয় না। লেখা তো দূরের কথা, মায়ের বানানো জলপাই, বরই, আমের আচার আমার ঘরে পড়ে আছে, খাওয়ার সাহস হয় না।

গত দুই যুগেরও বেশি সময় আমি দেশের বাইরে। দেশে গেলে একটা জিনিস সব সময় নিয়ে আসতাম। মায়ের বানানো আচার। গেলবার বৈয়াম ভর্তি করে আচার বানিয়েছেন মা। আমার চোখের সামনে সেই আচার যত্ন করে প্যাকেট করেছেন। একের পর এক পলিথিনের ব্যাগ আর স্কচটেপ দিয়ে শক্ত করে আটকানো হতো আচারের বৈয়াম। মাকে বলতাম একটুও যাতে তেল না পড়ে, লাগেজে কাপড়চোপড় নষ্ট হয়। মা অভয় দিতেন, এমন করে প্যাক করতেন আচার কেন এক বিন্দু বাতাসও এদিক-ওদিক নড়বে না।

গেলবার মায়ের আচার বানানো দাঁড়িয়ে দাঁড়িয়ে দেখেছি। মন শক্ত করে দাঁড়িয়ে আছি মায়ের সামনে। আমি কিন্তু জানি এর পর মা আর আচার বানাতে পারবেন না, এই শেষ। মা শুধু জানেন না। তাঁর এক ভয়ংকর অসুখ। আমরা সবাই জানি, কিন্তু মা জানেন না। হয়তো কখনো কখনো বুঝতেন। হয়তো বোঝার ছলে উনি ও আমাদের সঙ্গে খেলতেন, ব্যাপারটা অনেকটা লুকোচুরি খেলা। আমাকে জানাবি না, আচ্ছা যা আমিও না জানার ভান করে বসে আছি।

অক্টোবর মাস। জানতাম আর একটা অক্টোবর মায়ের জন্য আসবে না, আসেনি।

মা রেখে গেছেন ছয় ছেলেমেয়ে। তাদের ছোটজনের বয়স তখন ৪৬ বছর, কাজেই কেউ ছোট নয়। সবই করে গেছেন, শক্ত করে রেখে গেছেন সবাইকে; তার পরও এতটা দুর্বলতা কোথা থেকে আসে?

এই আচার খেলেই তো শেষ হয়ে যাবে, আবার খেতেও তো হবে। মায়ের বানানো শেষ আচার, নষ্ট তো করা যাবে না।

আমরা ছয় ভাই-বোন। আমাদের শেকড়, লোন্দায় ভিটে বাড়ি

প্রথমবার যখন খবর পেলাম মায়ের চলে যাওয়ার অসুখ, ছটফট করছিলাম এই ভেবে আমি এখন থেকে তাহলে কার সঙ্গে খারাপ ব্যবহার করব। আমার রাগ, অভিমান, হতাশা সব ঢালার জায়গা মা। তিনি কখনো বিরক্ত হননি, উল্টো বলতেন আমার সঙ্গেই তো করবা।

পৃথিবীতে এই একমাত্র মানুষ, যার সঙ্গে সম্পর্ক এক পথে। যত যাই করি না কেন, তিনি আছেন সবসময়। কখনোই তাঁর যত্নে ভালোবাসায় ঘাটতি হবার নয়।

পৃথিবীর বাকি সব সম্পর্ক পারস্পরিক, দুই পথে। মা না থাকলে সাবধানে চলতে হবে অনেক, অনেক হিসাব করে কথা বলতে হবে সর্বত্র। সেই গানের কথা -

"পৃথিবীর কেউ ভালো তো বাসে না
এ পৃথিবী ভালো বাসিতে জানে না,
যেথা আছে শুধু ভালো বাসাবাসি,
সেথা যেতে প্রাণ চায় মা।"

ভেতরে মা হারানোর ভয় ঢুকে গেছে। মাকে বলতাম, আপনার ভাগ্যটা ভালো, আপনার ছয় ছেলেমেয়ে। আমারও যদি একটা মা না হয়ে অনেকগুলো থাকত তাহলে এই এক আপনাকে নিয়ে এত চিন্তা করতে হতো না।

লোন্দা, এক টুকরো স্বর্গ এখানে

মায়ের অসুখ। প্রতিদিন সকালে মশারির পাশে গিয়ে বসি মায়ের পাশে।

ঘরে মেডিক্যাল বেডে মা ঘুমাচ্ছেন। সত্তর দিন ধরে যুদ্ধ করে যাচ্ছেন। যুদ্ধ করছেন সুস্থ হওয়ার জন্য, জীবনের জন্য। বেঁচে থাকার তাগিদ প্রতিটা প্রাণের মৌলিক লক্ষ্য। আমি অবাক হয়ে দেখি। এই যুদ্ধে মা একদিন হেরে যাবেন, সংশপ্তক হয়তো। তার পরও প্রতিদিন সকালে মাকে আরো একটা দিনের জন্য প্রস্তুত করে দিই, যুদ্ধ জয়ের না হোক, অন্তত সাময়িক টিকে থাকার প্রস্তুতি।

ভোর হচ্ছে। ঘরে তখন আবছা আলো, মশারির বাইরে থেকে হাত বাড়িয়ে মাকে ধরা। একটু হুঁশ হলেই মা এপাশ-ওপাশ করে বলবেন—কে? তারপর অল্প আলোয় মা আমাকে খুঁজে পেলেই বলবেন—বাবা, বাবা, আমার বাবা। মায়ের পাশে থাকা আমার যুদ্ধের জয়, আমার শ্রেষ্ঠ সময়।

মা আমাকে খুঁজে পেলেই বলবেন - বাবা, বাবা, আমার বাবা।

আড়াই মাস মায়ের সাথে থেকে আমি ফিরে এসেছি আমার বর্তমান ঠিকানায়, যুক্তরাষ্টে।

১৩ এপ্রিল ২০২১। মায়ের শারীরিক অবস্থা ভালো না। প্যানক্রিয়েটিক টিউমার বা ক্যান্সারের হয়তো শেষ স্টেজ। মা অসুস্থ বছরখানেক ধরে। শেষটায় এসে কভিড। নিঃশ্বাস নিতে কষ্ট। সকালে ভাইয়া একটা ভিডিও ক্লিপে আমার সঙ্গে মায়ের অবস্থা শেয়ার করলেন। আমি বললাম—ভাইয়া, চলেন হাসপাতালে নিয়ে যাই। হাসপাতালে যাওয়ার প্ল্যান আগে ছিল না। সব ভাই-বোন মিলেই সিদ্ধান্ত নিয়েছিলাম। যখন সময় আসবে মা থাকবেন ঘরে। সময় বোধ হয় খুব কাছাকাছি এখন। তার পরও মন তো মানে না। শেষ চেষ্টা কী করব না?

ঢাকায় কভিড তখন চরমে। কোনো হাসপাতালে ইনটেনসিভ কেয়ার খালি নেই। চলছে হাহাকার, স্বজন হারানোর ভয়। এক হাসপাতাল থেকে আশা এলো। ভাইয়া মাকে নিয়ে রওনা দিলেন। হাসপাতালে এসে ইনটেনসিভ কেয়ার ইউনিট জুটল না। অন্য এক হাসপাতাল থেকে আশা এলো একটা ইউনিট খালি হবে। মাকে নিয়ে যাওয়া হলো সেখানে। দুপুরের পর ভাইয়া কাগজে সই করে দিলেন, মাকে ভেন্টিলেটরে দিতে হবে। ভাইয়ার হাত থেকে ছুটে গেলেন মা।

আমরা থাকি দেশ ছেড়ে বহু দূরে। কভিডের কারণে দ্বিতীয়বারের মত বাংলাদেশে ইন্টারন্যাশনাল ফ্লাইট বন্ধ করে দেওয়া হলো। শাটডাউন শুরু হবে কাল থেকে। ঘর ছেড়ে কারো বের হওয়া যাবে না। ঘণ্টায় ঘণ্টায় ভাইয়ার সঙ্গে ফোনে আলাপ হচ্ছে। কোনো আপডেট নেই।

মা আছেন ভেন্টিলেটরে। ভাইয়া রাতের পর রাত না ঘুমানো। কিন্তু তিনি হাসপাতাল ছাড়বেন না। মায়ের কাছে যাওয়ার উপায় তাঁর নেই, তবু থাকবেন বারান্দায় বসে। সারা রাত এভাবেই পার করে দিলেন তিনি।

ভোরের দিকে দু-এক ঘণ্টা হাসপাতালের বারান্দার বেঞ্চে ভাইয়া একটু গা হেলে দিলেন। আমি দূরে বসে অবস্থা দেখছি, জানছি। সকাল হওয়ার আগে ভাইয়ার জন্য একটা অ্যাপার্টমেন্ট ঠিক করলাম হাসপাতালের পাশেই, এখন ইন্টারনেটের যুগ। অনলাইনে থাকার জন্য অ্যাপার্টমেন্ট ঠিক করা যায়। ভাইয়া হয়তো মাঝে মাঝে চাইলে সেখানে গিয়ে একটু বিশ্রাম করবেন। সামনে হাসপাতালে মাকে কত দিন থাকতে হবে বলা যায় না।

সকাল হতেই ভাইয়ার সঙ্গে ফোনে আলাপ হলো। কোনো আপডেট নেই। ফোন সাধারণত আমিই করি, ভাইয়া ক্লান্ত এবং ব্যস্ত। ফোন রাখার ঘণ্টাখানেক পর ভাইয়া নিজেই হঠাৎ ফোন করে বসলেন। এবার ভিডিও কল। জানালেন মায়ের কার্ডিয়াক অ্যারেস্ট হয়েছে। ইনটেনসিভ কেয়ার ইউনিটে Cardiopulmonary resuscitation (CPR) চলছে। আমি অবস্থাটা বোঝার চেষ্টা করলাম। একটু পরই খুব শান্তভাবে ভাইয়া জানালেন, মা হয়তো নেই। ভিডিও কলে আছেন, তিনি বললেন-তুমি দেখো।

ফোন হাতে ভাইয়া ধীরে ধীরে ইনটেনসিভ কেয়ার ইউনিটের দরজার কাছে দাঁড়ালেন। দরজা ভেজানো। একটু ধাক্কা দিয়ে দরজা অল্প একটু খুললেন। দাঁড়িয়ে আছেন মায়ের বেড থেকে ১০- ১৫ ফুট দূরে। একজন মেডিক্যাল অ্যাসিস্ট্যান্ট CPR করছে, হার্ট চালু করার চেষ্টা। শক্ত হাতে ভাইয়া দাঁড়িয়ে আছেন, শান্তভাবে আমি দেখছি। ভিডিও কলে

বাকি ভাই-বোনদের যুক্ত করার চেষ্টা করছি। দুই বোন যোগ দিল। একজন আমেরিকা থেকে, একজন অস্ট্রেলিয়া থেকে। তাদেরও জানালাম-মা হয়তো নেই। কিন্তু এখনো সঠিক জানি না। ফোনের ওপাশে বোনের কান্নার চিৎকার, শান্ত হতে বললাম। জীবনের অনেক বড় বড় আঘাত আমার মধ্যে সঙ্গে সঙ্গে প্রসেস হয় না, অথবা ভেতরে হয়তো কিছু একটা কাজ করে পরিস্থিতি সামাল দেওয়ার জন্য। বড় আপা ফোন ধরেনি। তখনো সে ঘুমে হয়তো। আমাদের পরিবারের এই মানুষটা সবচেয়ে শক্ত এবং দুর্বল। যেকোনো কষ্টের সংবাদে তার দাঁড়িয়ে থাকার সামর্থ্য থাকে না, পরিবারের সবচেয়ে বড় কান্নার মেশিন ও সে।

ভিডিও কল, দূরত্ব আট হাজার মাইল। মা যাচ্ছেন না ফেরার দেশে

কতটা সময় পার হয়েছে ঠিক মনে নেই, মিনিট ১৫-২০ হবে হয়তো। আমি ভাইয়াকে বললাম, আপনি ভেতরে ঢুকুন। মেডিক্যাল প্রসিডিউর বন্ধ করতে বলেন। মায়ের পাশে যান। ভাইয়া এগোচ্ছে। সব শান্ত। চাদরে মা ঢাকা, মায়ের মুখটা দেখলাম, কী অদ্ভুত শান্ত। অসুস্থতার কোনো ছাপ নেই মুখে, মা ঘুমোচ্ছেন। ভাইয়া হাত রাখলেন মায়ের গালে। আট হাজার মাইল দূরে বসে আমি দেখছি। আমার মা চলে যাচ্ছেন, গেছেন। তাঁকে ছুঁতে পারলাম না। কোনো রাগ-অভিমান নয়, মনে হলো এই জনমে তুমি আমার মা ছিলে, তুমি চলে গেছ।

আমাদের জানা মতে এই মহাবিশ্বের সবচেয়ে জটিল বিবর্তন হচ্ছে মানুষের মস্তিষ্ক। প্রকৃতি এক হাজার তিন শ কোটি বছরের বেশি সময় নিয়েছে এই মস্তিষ্ক তৈরিতে। প্রতিটা মানুষের মধ্যে থাকে দুই সত্তা। নিত্যদিনের কার্যকলাপের নিয়ন্ত্রণ থাকে এক সত্তার কাছে, যাকে আমরা বলি 'আমি', এই সত্তা চাইলে হাত নাড়াতে পারে, পা ফেলে সামনে এগোতে পারে। কিন্তু কখনো চাইলেও দুমিনিট দম বন্ধ করে রাখতে পারে না, হৃৎস্পন্দন বন্ধ করতে পারে না। সেটার কাজ দ্বিতীয় সত্তার হাতে।

এই দ্বিতীয় সত্তা, যার নিয়ন্ত্রণ সম্পূর্ণ মস্তিষ্কের নিজস্ব। সে আমাদের বাঁচিয়ে রাখে নিজস্ব এক অ্যালগরিদমে, যার সম্পর্কে মানুষের পুরোপুরি ধারণা নেই। একটা উদাহরণ দিয়ে বলি, একটা বড় শারীরিক দুর্ঘটনার আঘাতে মানুষ যন্ত্রণায় কাতরাতে থাকে। মানুষের কষ্ট সহ্য করার একটা সীমা থাকে। শারীরিক আঘাতের সেই যন্ত্রণা সীমা অতিক্রম করলে মানুষ জ্ঞান হারায়। মস্তিষ্ক মানুষটাকে নিয়ে যায় গভীর ঘুমে। অনেকটা ন্যাচারাল অ্যানেস্থেসিয়া। সেই গভীর ঘুমে মস্তিষ্ক শুরু করে দেয় রিপেয়ার প্রসেস। কখনো কখনো সে

সফল হয়, কখনো বা কমপ্লিট শাটডাউন, এন্ড অফ লাইফ। এই সময়টাতে একটা অদ্ভুত ব্যাপার ঘটে যায়। পৃথিবীর কোনো মানুষই মৃত্যুর ঠিক আগ মুহূর্তে জানতে পারে না সে চলে যাচ্ছে, এ এক পরম শান্তিতে প্রস্থান। প্রতিটা মানুষের চলে যাওয়া হয় অজানার মধ্যে, অজানায়।

মা-ও সেদিন সেই সকালে জানতেন না তিনি ছেড়ে যাচ্ছেন আমাদের। পা বাড়াচ্ছেন অনন্ত অসীমে। তিনি যাচ্ছেন যেখান থেকে তাঁর শুরু, শূন্যতায়।

২০২০-২১, পৃথিবীজুড়ে কভিড মহামারি। দেশে দেশে অভ্যন্তরীণ ও আন্তর্জাতিক ভ্রমণের ওপর নিষেধাজ্ঞা। একেক দেশে একেক নিয়ম, কেউ তা পাল্টাচ্ছে প্রতিনিয়ত। পৃথিবীর ব্যস্ততম এয়ারপোর্টগুলোতে নিভে গেছে বাতি। খবর এলো মায়ের এক অসুখ ধরা পড়েছে। খুব দ্রুত চলে যাওয়ার অসুখ। সময়সীমা জানা নেই, শুধু জানি সবই আছে, শুধু নেই সময়। আমি থাকি মায়ের কাছ থেকে আট হাজার মাইল দূরে। গেলাম এরই মাঝে দুবার মায়ের কাছে। শেষবার ছিলাম বেশ লম্বা সময়। একসময় জীবনের প্রয়োজনে মাকে রেখে ফিরতে হয়েছে। জানতাম হয়তো এই শেষ, এই চেনা মুখ আর দেখা হবে না।

ঘর ছেড়ে বেরিয়ে গাড়িচালক আশরাফুলকে বলেছিলাম গাড়ি থামাতে। পথের ধারে একটা গাছ ঘেঁষে ছায়াতে আশরাফুল গাড়ি থামাল। জানালার গ্লাস নামালাম, সিগারেট ধরাতে হবে। আমার দম বন্ধ হয়ে আসছে, একটা সিগারেট খাওয়া প্রয়োজন। এয়ারপোর্টে যাচ্ছি, ঘণ্টা দুয়েক পরই ফ্লাইট। একটু আগেই ঘর ছেড়ে বেরিয়েছি, মাকে পেছনে ফেলে।

আমার প্রতিটা চিন্তা-চেতনা মাসখানেক পরেই সত্য হলো। সেই সত্যের ভার বেঁচে থাকা পৃথিবীর মাধ্যাকর্ষণ বলের সূত্রে মেলে না। ভেতরের সেই ভার বাইরের জগৎ থেকে ভিন্ন। মা চলে গেলেন না-ফেরার দেশে। কভিড মহামারি ঠেকাতে বাংলাদেশ দ্বিতীয়বারের মতো বন্ধ করে দিল বহিরাগতদের আগমন। আমি তখন বহিরাগত, এ দেশে ঢোকার অনুমতি আমার নেই।

পৃথিবীর ব্যস্ততম এয়ারপোর্টগুলোতে নিভে গেছে বাতি।
তবুও যেতে হবে। সব আছে, শুধু নেই সময়।

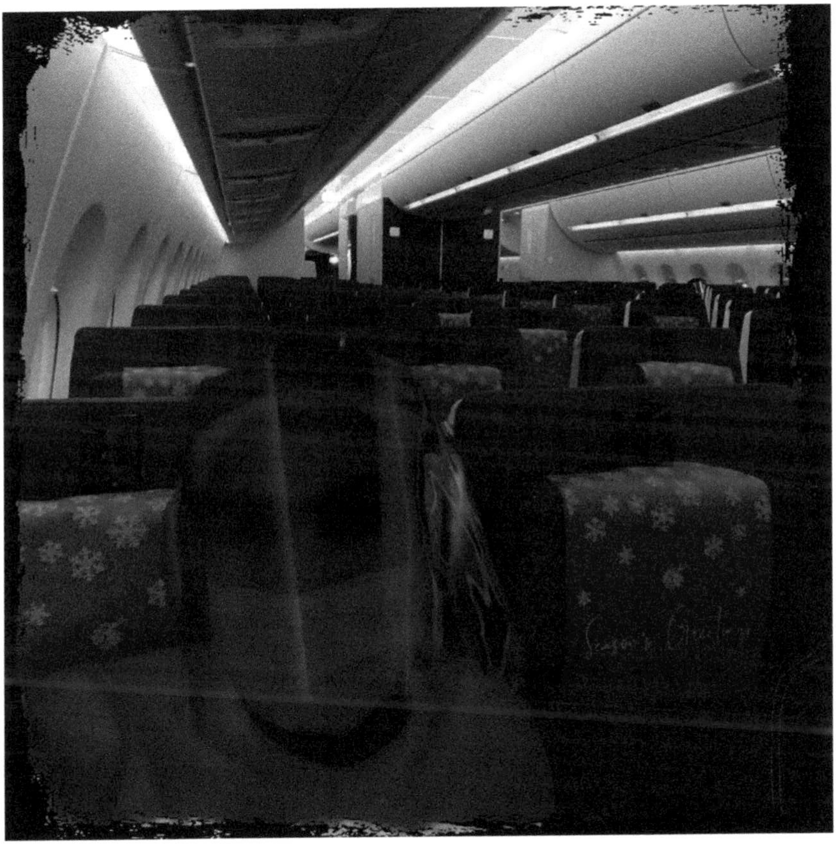

মা তো মা-ই, কষ্ট তো হবেই। মা যাওয়ার পর মনে হলো, আমি স্বাধীন। কোনো পিছুটান নেই। চিৎকার-চেঁচামেচি করে সব যন্ত্রণা চাপিয়ে দেওয়ার আর কেউ নেই। কষ্ট তো হবেই। মা কোথায় গেলেন তা তো জানি না, দেখছেন কী আমাকে?

মা সব সময় চাইতেন, যেখানেই থাকি আমি যেন ভালো থাকি। যেভাবেই হোক তাকে জানাতে হবে আমি ভালো আছি, আমি ভালো থাকব।

মা যাওয়ার দুদিন পর, ঠিক করলাম ঘর ছেড়ে বের হব। দূরে কোথাও যেতে হবে, অনেক দূরে। পারলে সীমানা ছাড়িয়ে যাব, মায়ের কথা ভাবব। মা দেখবেন, আমি ভালো আছি। রাতের এক ফ্লাইটে শারমীন আর আমি নিউ ইয়র্ক থেকে চলে এলাম আলাস্কায়। যুক্তরাষ্ট্রের মূল ভূখণ্ড থেকে আলাদা কানাডার উত্তর- পশ্চিমে রাশিয়ার পাশ ঘেঁষে এই অঙ্গরাজ্য। এখানে প্রতি বর্গকিলোমিটারে মানুষের বসতি একজনেরও কম। হাতে গোনা কয়েকটা শহর ছাড়া জনবসতি বলে তেমন কিছু নেই।

মা নেই, একধরনের ভয় কাজ করে। কোথায় যাব বিপদ হলে, অস্থির লাগলে। ভ্রমণ আমাকে ভালো রেখেছে, দূরে কোথাও আমার মা আমাকে দেখছেন, আমি ভালো আছি। ভালো থাকার জন্য ভ্রমণের বিকল্প হিসেবে আমি অন্য কিছু পাইনি, কখনো পাওয়ার প্রয়োজন মনে হয়নি। যেতে তো হবেই একদিন। হয়তো জেগে উঠব অন্য কোথাও। ফিরে আসা হবে না আমার পৃথিবী নামের এই ঘরে। এ এক অদ্ভুত ছাদহীন ঘর। যাওয়ার আগে ঘরটা দেখে নিই।

গেলবার মায়ের পাশে বসা আমি। এখন প্রায় এক বছর পার হয়ে গেছে। মা এখন ঘুমাচ্ছেন লোন্দায়। আর কিছুদিন পরেই লঞ্চে করে আমরা লোন্দা যাব। ঢাকার সদরঘাট থেকে লঞ্চ ছাড়বে।

স্পষ্ট স্মৃতিগুলো, ক্লাস ওয়ান-টু থেকে শুরু। ডিসেম্বরে ফাইনাল পরীক্ষা শেষ হলেই মায়ের সঙ্গে গ্রামে যেতাম লঞ্চে করে। প্রতিবার অনেক স্মৃতি। লঞ্চের ডেকে চাদর বিছানো, চারপাশ শাড়ি দিয়ে ঘেরা, টিফিন ক্যারিয়ারে রাতের খাবার। চারদিকে ঠাণ্ডা হিমেল হওয়া। মাঝরাতে ঘুম ভাঙত বরিশালের কাছাকাছি চলে এলে, আমরা অবশ্য এখানে নামব না। আমরা যাব শেষ পর্যন্ত পটুয়াখালীর গলাচিপা উপজেলায়। সেখানে যেতে প্রায় এক দিন সময় লাগে। ঘুম ভেঙে রাতের বরিশাল দেখতাম। অন্ধকারে নদীর মাঝ থেকে দূরে শহরের মিটিমিটি আলো। আলোগুলো ধীরে ধীরে কাছে চলে আসে। ঘাটে মানুষের আনাগোনা আর লঞ্চ ভেড়ানো এখনো স্পষ্ট। মাঝরাতে ঘাটে মানুষের ব্যস্ততা আর ফেরিওয়ালাদের জোরালো আওয়াজ এখনো অস্পষ্ট ভেসে ওঠে।

বছর শেষে লোন্দা গ্রামে মায়ের সঙ্গে মাসখানেক থাকতাম। শীতের সময়, গ্রামে নতুন ধান উঠত। সেখান থেকেই চাল করে আমাদের বার্ষিক খোরাক। মাঝে মাঝে ধান-চালের কাজটা গুছিয়ে ওঠার আগেই আমার স্কুল খুলে যেত। মাকে রেখে অন্য কারো সঙ্গে ঢাকায় ফিরে আসতাম আমি। নিছক বয়সের কারণেই মাকে ছাড়া থাকতে ভালো লাগত না, মাকে থাকতে হবে পাশে। না হয় কান্নাকাটি। কবুতর, টাকা, খেলনা টাইপ কিছু আমার হাতে দিয়ে সেই কান্না থামানো হতো, না

থামলেও কিছু ক্ষতি নেই।

একবার মাকে ছাড়া লঞ্চে ঢাকা ফিরছি। ঘাট থেকে লঞ্চ দূরে সরে যাচ্ছে। লঞ্চের ডেকের কোনো এক কোনায় একা দাঁড়িয়ে ভাবছি—মা তো দূরে সরে যাচ্ছে।

অনেক, অনেক বছরের সব স্মৃতি, স্মৃতির শেষ প্রান্তে দাঁড়িয়ে আবার আমার লোন্দা যাওয়ার সময়। এবার মাকে সঙ্গে নেওয়ার পরিকল্পনা নেই, দূরে সরে যাওয়ার আর কোনো সুযোগ মায়ের নেই।

ছয় ভাই-বোন আমরা। দুজন দেশে, বাকিরা বাইরে। মা যাওয়ার পর দিন তারিখ ঠিক হলো, আমরা সবাই যাব লোন্দায় একসঙ্গে। সন্ধ্যায় ঢাকা সদরঘাট থেকে লঞ্চ ছেড়েছে, আমরা যাচ্ছি লোন্দায়। রাতে ঘুম হয়নি ভালো। এখন সকাল হবে হবে। লঞ্চ থেমে আছে ধুলিয়া ঘাটে। একটু আগেই ফজরের আজান শেষ হলো। চারপাশ কুয়াশায় ঢাকা। সম্ভবত এ কারণেই লঞ্চ ঘাটে থেমে আছে। চিরাচরিত সংসার ছেড়ে এখন আমরা ভাই-বোন ধুলিয়া ঘাটে থেমে থাকা লঞ্চে। এগোনোর চেষ্টা লোন্দা গ্রামের দিকে। শেকড় সেখানে। মা-বাবার চলে যাওয়ার শেষচিহ্ন। ছোট ইমুটাও সেখানে। ইমু বড় ভাইয়ের একমাত্র ছেলে। মা যাওয়ার দুমাস পরেই ডাক এসেছে ইমুর। ইমু তার মা-বাবার সঙ্গে গিয়েছিল লোন্দায় বেড়াতে। সেখান থেকে সে তার মাকে সঙ্গে নিয়ে যাবে তার নানাবাড়ি। সেদিন ইমুর নানাবাড়ি যাওয়ার সুযোগ হয়নি। পথে অ্যাক্সিডেন্ট। তাকে আবার ফিরে আসতে হয়েছে লোন্দায়। এখন ঘুমিয়ে আছে দাদা-দাদির পাশে।

গত সন্ধ্যায় ঢাকা সদরঘাটে সবাই লঞ্চের ছাদে উঠেছিলাম একসঙ্গে। ইমুর মা, ভাবি হঠাৎ আমার মাথায় হাত বুলিয়ে দিল। আমি ছাদে দাঁড়িয়ে বুড়িগঙ্গার ছবি তুলছিলাম। পেছন থেকে আমার ছবি তোলার ভঙ্গিটা নাকি দেখতে ইমুর মতো ছিল। হতে পারে, একই বৃক্ষের ফল আমরা। বৃক্ষ চলে গেছে। আমরা শেকড় দেখতে যাচ্ছি। এখন আর মাত্র কয়েক ঘণ্টা বাকি। আমরা লোন্দা পৌঁছে যাব। জীবন রহস্যময়। চলে যাওয়ার শেষ চিহ্ন ছুঁয়ে দেখার চেষ্টা আমাদের।

মাত্র অল্প কয়েক দিন আমাদের গ্রামে থাকা। আবার ফিরে আসতে হবে যার যার সংসারে, নিজস্ব ব্যস্ততায়। লোন্দা

আমাদের গ্রাম। কত বছর, কতবার আসা-যাওয়া এই গ্রামে। এখান থেকে কখনো শূন্য হাতে ফিরিনি। এই প্রথম মনে হলো শূন্যতা, কোথাও কেউ নেই। ঢাকায়ও ফিরে যেতে ইচ্ছা হয় না, সেখানেও কেউ নেই অপেক্ষায়। চারপাশে এত মানুষ, অথচ কিসের এই শূন্যতা?

মনে মনে নিজেই নিজেকে সান্ত্বনায় বলি—এই তো বেঁচে থাকা। বাঁচলে বাঁচো, অন্যথায় চলে যাও। জীবনের রহস্য বেঁচে থাকায় নয়। রহস্য ওপারে, শূন্যতায়।

জীবনের রহস্য বেঁচে থাকায় নয়। রহস্য ওপারে, শূন্যতায়।

একসময় বাবা বলতেন—পৃথিবীতে মা-বাবা সব সময় থাকে না। এটা মেনে নিয়েই চলতে হবে।

আমিও সেটা মেনে নিয়ে চলছি। আমি পরিবারে ছয় ভাই-বোনের ছোট, আমারই এখন মধ্যবয়স। মা-বাবা আমাদের কাউকে অসহায় অবস্থায় রেখে যাননি। খেয়েপরে ভালো আছে সবাই, বেশ ভালো আছে।

মা-বাবা যাওয়ার পরেও প্রায়ই আসে। তারা আসে স্বপ্নজগতে। জানি, জেগে থাকা চেতন-অবচেতন মনের প্রতিফলনই এই স্বপ্নজগৎ। এর বেশি কিছু নয়। তার পরও ঘুম ভেঙে গেলে আসে এক বিভ্রান্তি। কোনটা বাস্তব, কোনটা অবাস্তব? জেগে থাকা, না স্বপ্ন? কোথায় এই অস্থিরতা?

মা, কে বলে সে নেই। এইতো স্বপ্নে তাঁরই সঙ্গে ছিলাম, কতটা সময় ঠিক জানি না। বাস্তব সেই জীবন থেকে হঠাৎ ঘুম ভাঙে। তখন গভীর রাত, স্বপ্নের এপাশটা তখন অন্ধকার। আমি এদিক-ওদিক মাকে খুঁজে বেড়াই। রাত পাড়ি দিয়ে আসে আলো, এই আলোয় মা নেই।

আমার জীবনের রং নীল, কখনো ফ্যাকাসে, কখনো সাদাকালো। মা যখন আসেন, আমার চারপাশ নীল।

লোন্দা গ্রামে এখন প্রায়ই আসা-যাওয়া হয়। আগেও আসতাম কয়েক বছর পরপর। মা-বাবা, ইমু (বড় ভাইয়ের ছেলে) চলে যাওয়ার পর এখন যাতায়াত একটু বেশি। গ্রামে এলে চারপাশ থেকে মানুষ আসে। বাড়িতে একটা উৎসব-উৎসব ভাব। সেটাই স্বাভাবিক। একা থাকার উপায় এখানে নেই, মানুষ ঘিরে আছে সব সময়।

বাড়ির পাশেই কবরস্থান, এর পাশ দিয়ে হেঁটে যাওয়া হয় বহুবার। মাঝে মাঝে একটু থমকে দাঁড়ানো। একটা পরিচিত শব্দ কানে বাজে—বাবা, আমার বাবা। মায়ের কণ্ঠস্বর। আচ্ছা, পৃথিবীতে এর চেয়ে পরিচিত স্বর কি আমার কাছে কিছু আছে? এতটা মমতা দিয়ে কেউ কি আর কখনো ডাকবে? জানি, সবই মস্তিষ্কের খেলা, আরো বহু বহু বছর পরে হয়তো ঝাপসা হবে এই কণ্ঠস্বর, হয়তো হারিয়ে যাবে পুরোপুরি। মা শূন্যতায় চলে গেছেন, মাথার গভীর থেকে বেজে ওঠা মায়ের কণ্ঠস্বর, তাঁর শুধু এতটুকুই আছে এখানে, আমার সঙ্গে।

মাঝে মাঝে মনে হয়, বেঁচে থাকাই তো কোনো এক স্বপ্ন। আমি হয়তো অন্য এক জগতে, অন্য মাত্রায় ঘুমিয়ে পড়েছিলাম, এ জীবন হয়তো সেই জগতেরই স্বপ্ন। সেখানে আমি আবার জেগে উঠব, বিভ্রান্তিতে ভুগব সেখানে। মনে হবে স্বপ্নে আমার মা ছিল, পরিচিত স্বরে ডাকত—বাবা, আমার বাবা।

যতকাল, যত জনমে, যত মাত্রায় আমি বারবার জেগে উঠব-তুমিই আমার মা হবা।

একটা পরিচিত শব্দ কানে বাজে – বাবা, আমার বাবা।
(পারিবারিক কবরস্থান, মসজিদ। মাঝের পথ চলে গেছে ভিটে বাড়ির দিকে)

দুই যুগেরও বেশি সময় দেশ ছেড়েছি। জীবনের প্রয়োজনে, ভালো থাকার সুযোগ খুঁজতে গিয়ে পাড়ি জমিয়েছি বিদেশে। এরই মাঝে দেশে ফিরে গেছি প্রায় প্রতিবছর। আমার দেশ, পরিচিত জনপদ, কাছের মানুষের মুখ আর মা-বাবা টেনে নিয়ে গেছে দেশে। প্রতিবারই আনন্দ নিয়ে দেশে যাই। কিন্তু ফিরে আসার দিনটি হয় ভয়ংকর। ফিরে আসার ধাক্কা অসহ্য লাগে। ওই ফিরে আসার দিনের কথা ভাবলে দেশে যেতে ইচ্ছা হয় না।

কিন্তু গল্প এখন হঠাৎ বদলে গেছে। এখন মনে হয় শূন্য থেকে শূন্যতায় ফিরে যাওয়া আর কঠিন কিছু নয়। মা-বাবা দুজনেই চলে গেছেন।

এখন ফিরে আসাটা সবচেয়ে সহজ। কোনো পিছুটান নেই, কেউ দরজায় দাঁড়িয়ে নেই। কেউ এয়ারপোর্ট পর্যন্ত এগিয়ে দিয়ে যাবে এই বায়না ধরে না। একসময় মাকে রাগী স্বরে বকতাম—কী করতে এয়ারপোর্ট যাবেন এত ভিড়ের মধ্যে? বাসাতেই বিদায় দিন। বাসা থেকে এয়ারপোর্টের দূরত্ব মাত্র ১৫ মিনিট। তবু যেতে চাইতেন। গাড়ি থেকে নামবেন না, শুধু সঙ্গে যেতে চান ওইটুকু পথ। আমি পৃথিবী দেখেছি। পৃথিবীতে এ-প্রান্ত থেকে ও-প্রান্তে গিয়েছি বহুবার। ঘর ছেড়ে এখন ওইটুকু পথ আমার কাছে আজ অচেনা, ওইটুকু পথ পাড়ি দিতে মনে হয় মহাকালের শূন্যতা।

একবার ঘরে বাবাকে ফেলে ফিরে এলাম। জানতাম আর দেখা হবে না। একবার মাকে ফেলে এলাম, জানতাম এই শেষ। অনেকটা দৌড়ে ঘর ছেড়ে বের হয়ে গেছি, পেছনে ফিরে তাকানোর সাহস ছিল না। পিছু ফেরা মানেই পিছুটান।

এখন পিছুটান নেই। শূন্যতা বড় অদ্ভুত। শূন্যতায় পথ আছে, পথের পেছন নেই, নেই গন্তব্য। এখন পথচলার নামেই শুধু পথে পা ফেলা। শূন্যতা থেকে পথের শুরু, শূন্যতায় শেষ। শূন্যতায় নতুন কিছু শুরু।

পাপ বলে পৃথিবীতে কিছু নেই। যদি থাকে, তার রূপ দরিদ্রতায়। বারো বা তেরো বছরের এক মেয়ে। নাম শাহিদা। বেশ কয়েক বছর ধরেই আছে আমাদের পরিবারের সঙ্গে। ছোটবেলায় মা হারানো মেয়ে এই শাহিদা। বাবা ইট ভাঙার কাজ করে। তিন বোনের মেজো শাহিদা। বড় বোনটাও ছিল আমাদের সঙ্গে বেশ কবছর। বড় বোনের বিয়ে হয়ে গেছে। এরপর বাবা শাহিদাকে দিয়ে গেছে আমাদের সঙ্গে থাকার জন্য। হুম, কাজের মেয়ে শাহিদা। কাজের বিনিময়ে থাকা-খাওয়া আর প্রতি মাসে বাড়তি কিছু টাকা তার বাবার জন্য।

কাজের মেয়ে হলেও মেয়েটাকে মায়া করত আমার পরিবারের সবাই। আদর-যত্ন ছিল মানুষ হিসেবেই। মা যখন অসুস্থ, আমি ঢাকায় ছিলাম বেশ কিছু সময়। আমরা ভাই-বোন ছাড়াও মায়ের সেবার জন্য আরো কিছু মানুষ ছিল চারপাশে। আমার নিজের চোখেই দেখা, বাড়ির সবাই সমষ্টিগতভাবে মায়ের জন্য যা করত, এই কিশোরী মেয়েটা তার চেয়ে অনেক ধাপ এগোনো। মাকে ডাকত নানু বলে। নানুর প্রতিটা ভালো লাগা, না লাগা তার মুখস্থ।

ঢাকায় অ্যাপার্টমেন্টগুলোতে রান্নাঘরের পাশেই থাকে শাহিদাদের ঘুমানোর একটু জায়গা। শাহিদা সেখানেই ঘুমাত। মা অসুস্থ হওয়ার পর মায়ের বিছানায় মায়ের পাশেও ঘুমানোর সুযোগ ছিল তার। পরিষ্কার-পরিচ্ছন্নতায় আমার মা ছিলেন ক্রিটিকাল একজন নারী। তাঁর সঙ্গে ঘুমানোর সুযোগ যে মেয়েটার হয়েছে সেটা সেই মেয়েরই অর্জন করা কোনো গভীর অদৃশ্য মমতা।

একসময় মা চলে গেলেন। আমাদের ঘর খালি। মায়ের রুম শূন্য। শাহিদা ফিরে গেলো রান্নাঘরের পাশে তার নিজস্ব জায়গায়। একদিন মাঝরাত পার হয়ে ভোরের দিকের ঘটনা। শাহিদা তার জায়গা ছেড়ে মায়ের রুমে খাটে বসে আছে। একটু নীরবেই কাঁদছে মেয়েটা। ঘুমের মাঝেই হয়তো স্বপ্ন দেখেছে। তার মনে হয়েছে নানু তাকে ডাকছে। সে দৌড়ে ছুটে গেছে, ভুলে গেছে নানু নেই।

শাহিদা, এক অদৃশ্য মমতা

শাহিদা লিখতে বা পড়তে পারে না, সেটাই স্বাভাবিক। একদিন আমি একটা কাগজ নিলাম। লিখলাম। কাগজটা ভাঁজ করে শাহিদাকে দিলাম। বললাম—এই কাগজ যত্ন করে রাখবি, হারাবি না। কোনো দিন কোনো বিপদ হলে কাউকে এই কাগজটা দেখাবি। অনেক ইচ্ছা ছিল, শাহিদা আমাদের সঙ্গেই থাকবে। চোখে চোখে রাখব। হয়তো কোনো একদিন বড় হলে পরিচিত ছেলে ধরে বিয়ে দিয়ে দেব। আমার পরিবারের প্রতিটি মানুষ মেয়েটাকে মায়া দিয়েছে, শাহিদাও তা জানে।

এক ঈদে বাড়ি গেছে শাহিদা। তারপর শুনলাম সে আর ফিরবে না। তার বাবা বিয়ে ঠিক করেছেন। হয়তো দরিদ্রতা, হয়তো অশিক্ষা, হয়তো নিরাপত্তাহীনতা। সে যাই হোক, একজন সন্তানের জন্য তার বাবার চেয়ে বেশি ভালো তো কেউ চাইবে না। কাজেই শাহিদা আর ফিরে আসছে না।

মেয়েটাকে আমি ভীষণ পছন্দ করি। একবার আমাদের সব ভাই-বোনের মাঝে শাহিদাকে জিজ্ঞাসা করা হলো—শাহিদা, এ বাড়িতে তোকে সবচেয়ে বেশি কে মায়া করে। শাহিদা জবাব দেয়নি, চোখের ইশারায় আমার দিকে তাকিয়েছে। শাহিদার কাছে কাগজে একজন ক্ষমতাবান লোকের ঠিকানা লেখা আছে। মাঝে মাঝে নিজেকে অনেক ক্ষমতাবান ভাবতে কার না ভালো লাগে।

তোমার ছেলেটা বা মেয়েটা মারা যাবে, তুমি কিন্তু তা জানো। তুমি শুধু ভাবতে চাও না ঘটনাটা ঘটবে। তুমি চাও না ঘটনাটা তোমার জীবদ্দশায় ঘটুক। তার জন্মের আগেও কিন্তু তুমি সত্যটা জানতে, কিন্তু ছিল ভাবনার বাইরে। এ এক আত্মভোগ।

তুমি তোমাকে চিরন্তন করার জন্যই তৈরি করো নতুন প্রাণের। এটাই প্রকৃতির নিয়ম। জীব, জীবন, বংশবৃদ্ধি, বেঁচে থাকা, টিকে থাকা। তুমি যা কিছু করো, তা করো শুধু তোমার নিজের জন্য নতুন প্রাণের জন্য নয়।

মায়ের কথা মনে হয়। কী অদ্ভুত! এই মানুষটার মতো আর কেউ ভালোবাসবে না। কোথা থেকে আসে এই টান? উত্তর খুব বেশি যে জটিল তাও নয়। মানুষের অবস্থান চার শ কোটি বছরের বিবর্তনে। যা কিছু আমরা, তা তৈরি প্রকৃতিতে। সেখানে মা নিরুপায়। প্রকৃতির অসীম টান অস্বীকার করার ক্ষমতা মাকে দেওয়া হয়নি। ভালো তাঁকে বাসতেই হবে। এই সত্যের ওপরেই আমাদের আগমন চার শ কোটি বছর পরে। আমরা কেউই এখানে আসতাম না; মা যদি জানতেন তাঁর সন্তান মারা যাবে। প্রকৃতি এই সত্য ঢেকে রাখে মায়ের কাছ থেকে। তবু সত্য তো তাই। ভালো করে তাকিয়ে দেখো তোমার সন্তানের দিকে। খুব শিগগির সে থাকবে না, শেষ খুব নিকটে। তুমি তা অস্বীকার করো? সেও প্রকৃতি তোমার মাঝে ঢুকিয়ে দিয়েছে।

তুমি কষ্টে আছ? হারানোর কষ্ট? অসীমের মাঝে তুমি সীমানা খোঁজো? সান্ত্বনায় আছ—আবার তো দেখা হবে ওপারে। সেও প্রকৃতির খেলা। তোমাকে এ পর্যন্ত আনার জন্য,

টিকিয়ে রাখার জন্য মস্তিষ্কে রিলিজ হয় এন্ডোরপিনস (হরমোন গ্রুপ)। সেটা কাজ করে অনেকটা মরফিন ড্রাগের মতো। তোমাকে বাঁচিয়ে রাখার জন্য প্রকৃতি তোমার মধ্যে তৈরি করে মিথ্যা আশ্বাস, তখন তুমি প্রার্থনায় বসো।

প্রকৃতি সাপলুডো খেলছে।
এখানে তোমার তেমন কোনো মূল্য নেই। তুমি শুধু বাহন মাত্র। প্রকৃতি শুরু থেকে শেষ পর্যন্ত খেলবে, নিজেকে জানার আশায়। একাকী স্রষ্টা এখানে নিজের পরিচয় খুঁজে বেড়াচ্ছে তোমাকে দিয়ে।

বাংলাদেশ। পৃথিবীর মানচিত্রে খুব ছোট এক জায়গা দখল করে আছে। এরই মাঝে আছে আটষট্টি হাজার গ্রাম। আমি আমার লোন্দার কথা বলে গেলাম, সেও এক বিন্দু মাত্র। এই বিন্দুর নাম আমাদের বাবা, মোঃ আলাউদ্দিন সিকদার। মা, মাকসুদা বেগম হেলেনা। বাবা ডাকতেন হেলেন।

আমাদের পারিবারিক শেষ ছবি এখানে। পারকিনসনেরর শেষ অবস্থা, বাবা হেরে যাচ্ছেন। তবুও শক্ত করে ধরে আছেন তাঁর জীবনের সবচেয়ে বিশ্বস্ত হাতখানি।

যাদের বাবা-মা এখনো আছেন, তাদের বলি — সময় এখনো আছে, শেষ খুব নিকটেই।

বইয়ের এই পাতা পাঠকের বাবা-মায়ের জন্য
অনেক না বলা কথা এখানে

"Do not stand at my grave and weep
I am not there. I do not sleep.
I am a thousand winds that blow.
I am the diamond glints on snow.
I am the sunlight on ripened grain.
I am the gentle autumn rain.
When you awaken in the morning's hush
I am the swift uplifting rush of quiet birds in circled flight.
I am the soft stars that shine at night.
Do not stand at my grave and cry;
I am not there. I did not die."

Written possibly by Mary Elizabeth Frye
& this is how I find my Ma circle around me.

লেখক পরিচিতি :

রেজাউল বাহার। জন্মস্থান বরিশালের অক্সফোর্ড মিশন মেডিক্যাল সেন্টার। বড় হয়ে ওঠা এবং পড়াশোনা ঢাকায়। ইঞ্জিনিয়ারিং ইউনিভার্সিটি স্কুল, নটর ডেম কলেজ, বুয়েটে পড়াশোনা শেষে চলে আসেন যুক্তরাষ্ট্রের নিউ ইয়র্ক ইনস্টিটিউট অব টেকনোলজিতে। পেশায় প্রকৌশলী হলেও নিজেকে বিশ্বপর্যটক হিসেবেই ভাবতে ভালোবাসেন। সহধর্মিণী শারমীনকে নিয়ে ভ্রমণ করেছেন সাত মহাদেশের এক শরও বেশি দেশ। বাংলাদেশি দম্পতি হিসেবে তাঁরাই প্রথম বিশ্বভ্রমণে এই মাইলফলক ছুঁয়েছেন।

লেখকের অ্যান্টাকটিকা ভ্রমণ নিয়ে বই
'ANTARCTICA the End of the World' পাওয়া যায়
Amazon.com

লেখক ও শারমীনের ভ্রমণসংক্রান্ত ওয়েবসাইট :
TravelographPartsunknown.com

CPSIA information can be obtained
at www.ICGtesting.com
Printed in the USA
BVHW010255140623
665895BV00008B/139

9 781088 166857